高等学校小学教育专业系列教材

小学语文教材文本解读

主　编　付孟云　吴　波　唐谊锋
副主编　李茵斐　杨　翔　冯　蕾　涂思齐
参　编　赖霞辉　朱江华　李小花　许　荣

南京大学出版社

图书在版编目(CIP)数据

小学语文教材文本解读 / 付孟云，吴波，唐谊锋主编. -- 南京 ：南京大学出版社，2022.12(2024.7 重印)
ISBN 978-7-305-26292-0

Ⅰ. ①小… Ⅱ. ①付… ②吴… ③唐… Ⅲ. ①小学语文课—教学参考资料 Ⅳ. ①G623.203

中国版本图书馆 CIP 数据核字(2022)第 219831 号

出版发行　南京大学出版社
社　　址　南京市汉口路 22 号　　　　邮　编　210093

书　　名　小学语文教材文本解读
XIAOXUE YUWEN JIAOCAI WENBEN JIEDU
主　　编　付孟云　吴　波　唐谊锋
责任编辑　曹　森　　　　编辑热线　025-83686756

照　　排　南京南琳图文制作有限公司
印　　刷　南通印刷总厂有限公司
开　　本　787 mm×1092 mm　1/16　印张 11.75　字数 325 千
版　　次　2022 年 12 月第 1 版　2024 年 7 月第 2 次印刷
ISBN 978-7-305-26292-0
定　　价　45.00 元

网址：http://www.njupco.com
官方微博：http://weibo.com/njupco
官方微信号：njupress
销售咨询热线：(025) 83594756

前　　言

自2019年9月，全国各地1—6年级新入学的小学生开始全部使用由教育部组织编写的统一版本的义务教育语文教科书(以下简称统编版)。统编版教材虽已全面铺开使用，但编者在调查中发现仍有部分小学语文老师不太熟悉统编教材的编写体例及特点，在教学中主要是根据以往的教学经验来处理教材；大部分高职高专院校小学教育专业学生不了解统编教材的编写体例及特点，在学习中不会用教材，教学设计能力难以提高。目前市面上关于小学语文教材文本解读的教材少之又少，而在教学中能参考的教材都出版于统编版小学语文教材面世之前，不论是教材体例结构，还是课文选篇，都发生了很大的变化，已经难以适应当前小学语文教师和小学教育专业学生的学习需求。为此，我们编写了《小学语文教材文本解读》这本教材。

本教材旨在帮助小学教育专业学生全面了解统编版小学语文教材的体例结构及编写特点，深刻认识文本解读的重要性，帮助学生从不同文体角度入手掌握文本解读的方法与策略。以文本解读作为文本与课堂之间的桥梁，帮助学生在解读文本的基础之上进行科学合理的教学设计，将解读成果转化为课堂教学资源。

本教材编写团队依据小学教育专业语文方向学生的实际情况，对接小学语文教师岗位需求，参照《义务教育语文课程标准(2022年版)》的教学要求，确定本教材的内容安排如下：

第一章统编版小学语文教材编写的体例结构及特点，主要介绍教材的体系结构、编写特点，帮助学生熟悉小学语文教材，并能够根据教材的特点使用教材，更好地发挥教材的作用，提高教学的有效性。

第二章文本解读的方法和策略，主要帮助学生认识文本解读的意义与价值，并了解文本解读的内容与常用的文本解读方法，初步了解文本解读。

第三章至第八章根据文体特征将小学语文教材中的阅读课文分为故事类文本（童话、寓言、神话、民间故事）、诗歌类文本（儿童诗歌、现代诗歌、古代诗歌）、散文类文本（叙事性散文、写景状物散文）、小说类文本、文言文、说明类文本，从文体特征入手掌握各类文体文本解读的侧重点，并以统编教材中的课文为例进行文本解读。旨在切实提高学生的文本解读能力。

本书是团队智慧的结晶，由付孟云、吴波、唐谊锋担任主编，由李茵斐、杨翔、冯蕾、涂思齐担任副主编，由赖霞辉、朱江华、李小花、许荣担任参编，最后由付孟云负责统稿。此外，还需要感谢付芳、徐婷、李贝、周林芳、王师、赖莺、邹蕾、张婷老师对本书的成稿给予的帮助。本教材系湖南省教育厅科学研究一般资助课题“湖南省农村小学语文特岗教师专业发展研究”（课题编号:20C0921）、湖南省社会科学成果评审委员会一般课题“湖湘红色文化融入内地西藏班师范生汉语应用能力培养的研究与实践”（课题编号:467）的研究成果。

由于编者学识水平和能力有限，书中难免存在不妥之处，恳请各位专家及同仁批评指正！

编者

2022 年 10 月

微信扫码

配套微课、
案例等资源

目 录
CONTENTS

第一章

统编版小学语文教材体例结构及特点

本章导读

统编版小学语文教科书作为一套集国家意志和广大文化教育工作者智慧的教材，集中体现了"课程育人"的特点，了解其编写理念、结构特点、组合关系，对于领会编者意图、理解教材、更有效地利用教材、培养学生的课程核心素养具有重要意义。

学习目标

1. 了解统编小学语文教科书的体例结构，对教科书内容形成结构化的整体意识。

2. 了解统编小学语文教科书的编写特点，掌握教科书内容和表现形式的一般特点，能够领会编者的编写意图，对接2022版课标要求，以整体意识、建构意识解读文本。

思政目标

树立"立德树人"的育人理念，明确统编小学语文教科书承担的育人责任，对于学生的语言运用、思维能力、审美创造和文化自信有比较清晰的认识。

第一节 统编版小学语文教材的体系结构

一、统编版小学语文教材编写的基本理念

小学语文统编教材是由中华人民共和国教育部负责组织、人民教育出版社出版的全国统一使用的语文教科书，这套教材自2019年起在义务教育阶段全面实施，从编写准备到全面使用历时十年，是一套集国家意志和广大文化教育工作者智慧于一体的教材。

“体现国家意志”是统编语文教科书编写的第一个核心理念。培养学生的国家意识与国家认同，是对学生最基本的价值观教育。语文教材国家意志的体现首先是在语文教材的选文上，统编教材将社会主义核心价值观、中华优秀传统文化、革命文化、社会主义先进文化、良好的思想道德风尚等内容自然地融合在教材中，激发学生热爱祖国的思想感情，培养自尊自信、勤劳勇敢、自强不息的美好品德，增强社会责任感和文化自信。同时，阅读材料的选择、集中识字课的编排、教科书封面的设计，以及专门设置的日积月累、书写指导等栏目，处处融入传统文化元素，体现中国特色，给孩子们打开认识中国、认同中华文化的一扇门。

“符合语文学科的基本规律”是统编语文教科书编排的第二个核心理念。从工具性来看，统编教材重视编制的逻辑顺序，以语文学科自身的规律为起点，强调学科体系，以知识的序列和能力的发展为基本遵从。从人文性来看，它重视编制的心理顺序，以儿童的兴趣、需要为出发点，体现了儿童中心的课程观。统编小学语文教科书努力构建符合学生语文学习基本规律、适合学生身心发展特点的语文能力发展体系，将语文训练的基本要素，包括必备的语文知识、基本的语文能力、适当的学习策略和学习习惯等分成若干个知识或能力训练“点”，统筹规划训练目标的序列，并按照一定的梯度，落实在各年级相关内容中，努力体现语言文字训练的系统性、综合性和实践性，努力遵循语文学科的特点，解决“教什么”的问题，以阅读与表达两大系列的知识与能力、方法与习惯、情感与价值观的融合，尝试构建语文学科训练体系，努力体现训练的系统

性，引领教师和学生在使用教科书的过程中，形成正确的价值观和科学的学习策略，为后续学习打下良好的基础。

二、统编版小学语文教材的体系结构

（一）各学段教科书的编排结构

统编版小学语文教科书共 12 册，一般为每册 8 个单元（六年级下册 6 个单元），各册根据学生年段特点和要素分布，单元安排有所不同，第一学段相近，第二、三学段相近。

1. 第一学段教科书的编排结构

每册编排 8 个单元，主要由识字单元和阅读单元构成，每个单元主要有课文、口语交际（一册 4 个）、语文园地三个部分。

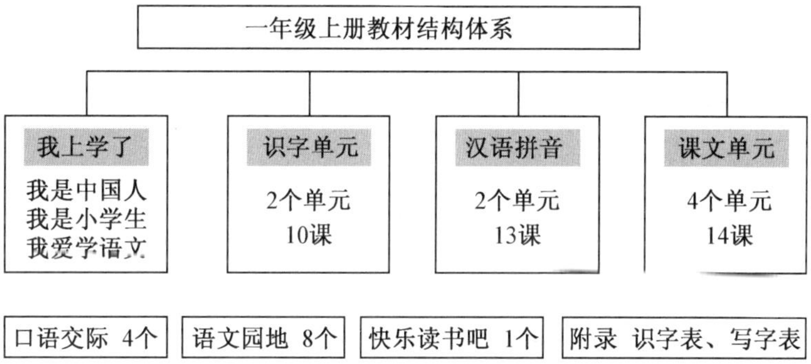

图 1 - 1　一年级上册教材结构体系示意图

一年级上册的结构比较特殊，一是体现“幼小衔接”，开篇是“准备单元”《我上学了》，在这个单元中，通过“我是中国人”“我是小学生”“我爱学语文”三个内容，将学科贴近学生，引导学生角色转换，实现身份认同、学科情感的教育，了解“语文是学什么的”。二是“汉语拼音”后置，拼音单元安排在第一个识字单元之后，降低了汉语拼音学习的难度，第一单元主要安排的都是儿童在生活中常见的字，增强了语文学习与儿童认知世界的亲熟感。三是灵活安排训练栏目，“语文园地”中常规栏目有“识字加油站”“字词句运用”“日积月累”“和大人一起读”，“我的发现”“展示台”“书写提示”则按需要编排，不是每个单元都有。

二年级教科书的结构如图 1 - 2，由识字单元和课文单元组成，“语文园地”在一年级的基础上将“和大人一起读”改为“我爱阅读”，课外阅读从大人的陪伴变成自主的阅读，增加了一个“查字典”的训练内容（二年级上册第二单元），并逐步安排适当的“写话”

练习(二年级上册 3 个,下册 4 个),与三年级的“习作”衔接。

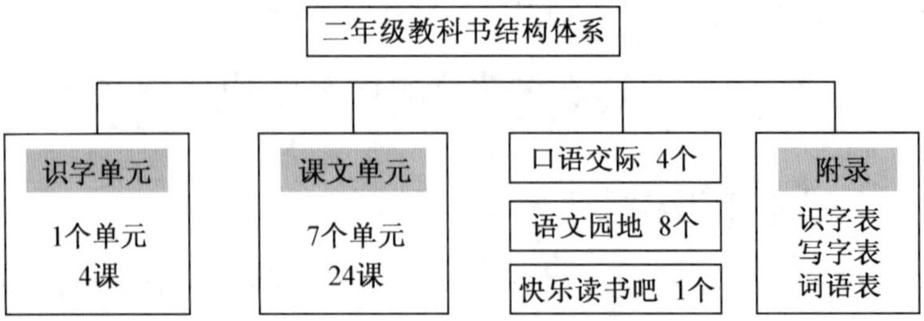

图 1-2 二年级教科书结构体系示意图

2. 第二、三学段教科书的编排结构

3—6 年级教科书的结构基本相同,每册包含 7 个“阅读单元”和 1 个“习作单元”,其中,五年级下册和六年级下册各编排了 1 个“综合性学习单元”,阅读单元相应减少 1 个,每个单元前面编排“单元导语”,后面编排“语文园地”。“习作单元”“综合性学习单元”不编排“语文园地”。

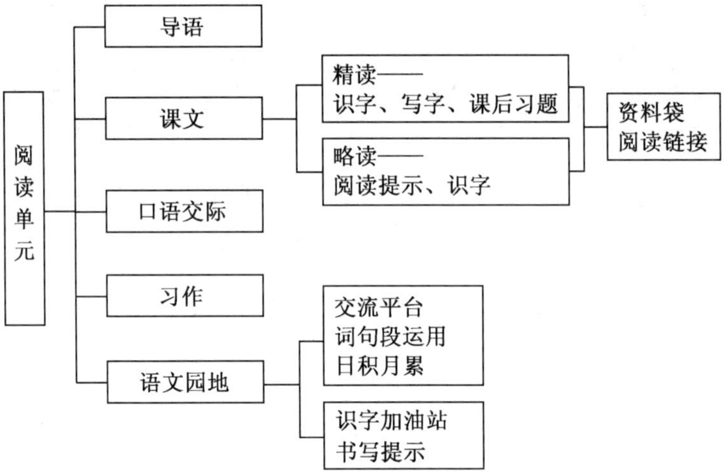

图 1-3 第二、三学段教科书“阅读单元”结构体系示意图

第二学段“语文园地”包含“交流平台”“词句段运用”“日积月累”“识字加油站”“书写提示”等栏目,其中“交流平台”“词句段运用”“日积月累”每个“语文园地”安排 1 次,其他栏目穿插安排。第三学段“语文园地”没有安排“识字加油站”,其他栏目安排与第二学段保持一致。

（二）体现语文能力训练与发展的特殊单元

1. 集中训练阅读能力的“阅读策略单元”

请你结合具体单元谈一谈阅读策略单元与阅读单元的异同。

在第二、三学段共安排了“预测”“提问”“提高阅读速度”“有目的地阅读”四个阅读策略单元的学习。阅读策略单元与阅读单元的结构体例基本相似，有精读、略读、识字写字、课后思考练习题、习作、语文园地，与普通阅读单元不同的是，单元课文联系更加紧密，它们作为一个整体呈现，突出训练目标的递进性与发展性。其单元结构如下：

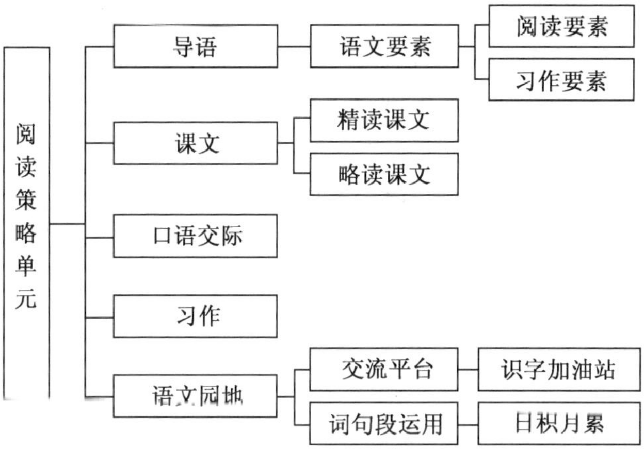

图 1-4　“阅读策略单元”结构体系示意图

2. 集中训练习作能力的“习作单元”

为了化解习作上的难点，同时也为了凸显习作的独立地位，统编教材从三年级开始每册编排 1 个习作单元，共 8 个单元。三年级上册训练“观察”，三年级下册练习“想象”，四、五年级重点帮助学生了解写人记事等不同类型的习作方法，六年级针对如何围绕一个中心和真情实感进行训练。

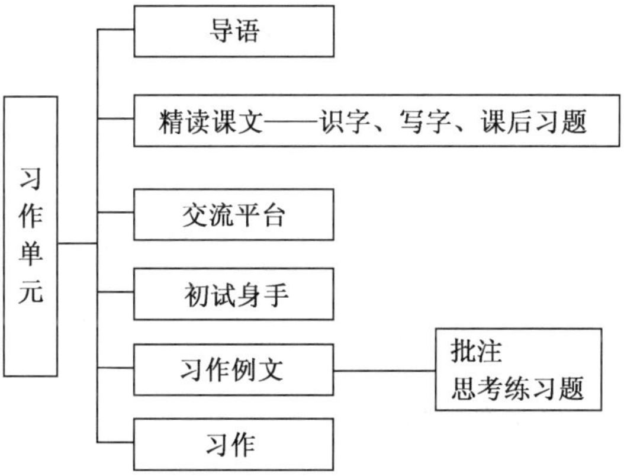

图 1-5　“习作单元”结构体系示意图

“习作单元”的编排，完全从培养习作能力出发，引导学生体会作者是如何写文章的，并设置了一系列训练，保证学生在某项重要习作能力上形成突破，获得提升。

“习作单元”的序列安排，以课程标准为主要依据，结合多年来的教学成果，制定能力培养序列。比如，观察能力是习作的根本能力之一，对观察能力的培养贯穿习作训练始终。为了培养这种能力，三年级上册第五单元——全套教材的第一个“习作单元”，即让学生“体会作者是怎样留心观察周围事物的”，并通过“仔细观察，把观察所得写下来”。除此之外，三年级的多次习作都以“观察”为训练重点，比如三年级上册的“猜猜他是谁”“这儿真美”，三年级下册的“我的植物朋友”“看图画，写作文”“我做了一项小实验”“身边那些有特点的人”，之后的教材也多有涉及。全套教材期望通过反复的训练，帮助学生打好观察基础。

3. 集中感受语言特色的“文体单元”

在第二、三学段的教材中，每册都至少有一个特定的文体单元，它们分别是“童话”“寓言”“神话”“现代诗”“民间故事”“说明性文章”“中国古典名著”“小说”“外国文学名著”。文体不仅是外在的形式，也是作者感受、观察、表现生活的独特思维方式，读者如果缺乏文体意识，在理解文本时就会出现障碍，甚至会与文本产生严重的隔阂，所以教材通过“文体单元”带领学生领略不同文体的特点，树立基本的文体意识，并初步掌握阅读不同文体的方法，提升解构经典文本的能力。

4. 集中体现语文课程性质的“综合性学习单元”

在中高学段每年级下册，教材分别安排了一个“综合性学习单元”，三年级下册的《中华传统节日》、四年级下册的《轻叩诗歌大门》被称为“小综合”。这两个“综合性学习”穿插在单元教学中，与“阅读教学”“语文园地”共同组成单元，分别在课文的后面列出了两个“活动提示”，“口语交际”和“习作”未做具体的安排，相关训练内容融入“综合性学习”的要求。五年级下册的《遨游汉字王国》、六年级下册的《难忘小学生活》被称为“大综合”。这两个“综合性学习”，完全取代了常规单元的教材内容，未编入“阅读”“口语交际”“习作”“语文园地”等内容，是对综合性学习的完整体现。

（三）利学便教的助学系统

统编小学语文教材在助学系统上特色明显。助学系统为教师的“教”和学生的“学”搭建了设计和攀爬的支架，如单元导语中的语文要素，提示了学习本单元课文的具体方法；课文中的“泡泡”，不断提示着学生语文学习习惯的培养和学习方法的习得与运用；课后思考练习题，从阅读理解、积累运用、拓展实践等维度设计，旨在提高学生的阅读理解能力、促进语言积累和运用、启迪思维、培养语文实践能力；“资料袋”“阅读链接”提供了学习的背景资料，也强调了课外阅读的重要性；课文插图与课文内容搭配，图文结合，相得益彰，帮助学生理解；“交流平台”与语文要素前后呼应，也与单元课文对应，帮助学生总结提炼，明确要素是如何一步步习得与达成的。

（四）立足素养的特色板块

基于语文素养形成的学习，是统编教科书编写的特色之一。语文学科课外阅读的重要性不容置疑，统编版教材立足课外阅读课程化，将课外阅读列入教材。一年级上册每单元设置一次“与大人一起读”，从一年级下册开始每学期设置一次“快乐读书吧”，学生在教材的引导下有意识、有方法地开始课外阅读。

除此之外，“书写提示”栏目在课文生字书写的基础上，进一步提升学生的书写审美，解决“写好字”的要求，让师生明确每一个阶段书写的重点是什么。贯彻始终的“日积月累”引导学生关注积累，养成积累的习惯……这些板块的落实，对于提升学生的综合素养意义重大。

第二节　统编版小学语文教材的编写特点

一、整体规划，体现以文化人、立德树人的育人功能

一般教材的编写都秉承着一定的价值观，有基本的意识形态立场，作为体现国家意志的“统编版”，这方面要求更高、体现更充分。统编教材充分反映习近平新时代中国特色社会主义思想，全面落实有理想、有本领、有担当的时代新人培养目标，体现了强大的育人功能和语文学科特色。在教材中，分别编入了中华传统文化教育、革命传统教育、社会主义核心价值观、国家安全与国家主

权、民族团结教育的内容。

《义务教育语文课程标准(2022年版)》指出:中国优秀传统文化、革命文化、社会主义先进文化是语文学习的主题与载体形式。统编版小学语文教材中大幅增加能够体现优秀传统文化、革命文化、社会主义先进文化的篇目,旨在以文化人,通过语言文字的学习,让学生了解中华文化的丰厚博大,培养学生的民族认同感与自豪感,树立文化自信;感受先贤志士的人格魅力,感悟老一辈无产阶级革命家的英雄气概、优良作风和高尚品格,形成正确的价值观。

统编教材强调"整体规划,有机渗透",社会主义核心价值观的教育引导不是生硬的说教,不是"贴标签""戴帽子",而是通过巧妙设计自然渗透,将理想信念植入学生的心田。例如,翻开教科书,我们可以看到,传统文化元素无处不在,12册书的封面就是12处中国文化元素,放风筝、吃冰糖葫芦、玩皮影戏、戴虎头帽、做泥人、包粽子、画戏剧脸谱、贴门联、下围棋、贴窗花、画国画、猜灯谜,各种儿童喜爱的传统活动,展现了中华民族生活中独特的审美情趣。教材中课文的插图都十分讲究写意、留白,尤其古诗的插图采用了国画风格,将写意的手法与中国传统水墨浪漫主义的风格相结合;栏目的版式设计,如"日积月累"采用的是展开的卷轴的样式,课后思考题前面的标识图案是中国美术中的瓦当图形……这些"细枝末节",如春风化雨,潜移默化地培养着孩子们的审美情趣和文化品位,成为骨子里的文化基因。再比如五年级的综合性学习,学生通过开展活动,发现汉字背后的故事、文化、历史,有效激发了学生民族自豪感和爱国情怀,做到了"润物无声"。使用这套教材时,要理解编者意图,注意把核心价值观"有机渗透",不要"贴标签""喊口号"。

二、守正创新,在传承优秀经验中不断发展

统编版小学语文教科书围绕"培根铸魂,启智增慧"的根本要求,在总结历年教材编写经验的基础上,适应时代需求,更新编写理念,对好的地方继续坚持和发扬,对有歧义和不完善的地方积极改进和创新。

1. 继承优秀传统文化

首先是对民国以来的教科书进行了认真的清理总结,将有些好的经验吸收到新编的教材之中。比如新编小学语文增加了很多童谣、儿歌,能激发孩子对汉语音韵节奏的感觉,提升学语文的兴

趣，其中有些素材就是从民国国文课本中选取来的。再如，将《田家四季歌》《升国旗》等优秀课文引入统编教材。特别是一年级上册第一个集中识字单元，文化内涵丰富，传统意味更浓郁，以“天地人，你我他”作为第一课，渗透中华传统文化天人合一的思想，蕴含着人与自然、人与人之间和谐相处的理念。其次是吸收了优秀的传统语文学习方法和学习材料，比如“字理识字”“字族文识字”等，还有《三字经》《百家姓》等传统蒙学读物的内容也有适当体现，为儿童打开感知、了解传统文化的一扇窗。

2. 选编课文更合理

一是课文数量减少了。一年级上册（人教版）原来共 41 课，包括汉语拼音 13 课，识字 8 课，另有课文 20 篇；新教材共 37 课，课文减少了 6 课，识字增加到 10 课。一年级下册的课文也是如此，原来 39 篇，现在也减少到 29 篇。

数量的减少不是简单的“减负”，也不是教学内容的减少，而是教学内容、方式的调整，使教材所呈现的内容更丰富、更有效。和旧教材比，统编教材的教学类型增加了，更加重视口语、阅读等方面的内容，也更利于语文核心素养的整体提升。

二是教材选文变化大。课文的选篇强调 4 个标准：一是经典性，二是文质兼美，三是适宜教学，四是兼顾时代性。翻阅教科书，大家会发现，三分之二的课文更换了，中华传统经典的内容回来了，现在的时文减少了。

小学一年级开始就有古诗文，整个小学 6 个年级 12 册共选优秀古诗文 132 篇，占所有选篇的 30%，比原有人教版增加 55 篇，增幅达 80%，平均每个年级 20 篇左右。体裁更加多样，从《诗经》到清代的诗文，从古风、民歌、律诗、绝句，到词曲，从诸子散文到历史散文，均有收录。革命传统教育的篇目也占有较大的比重，小学选了 40 篇。

3. 识字教学更科学

一是先学汉字，再学拼音。统编教材一年级上册中将汉语拼音教学与识字写字教学的先后顺序做了调整，打破了几十年来一年级语文先学汉语拼音后学汉字的惯例，将汉语拼音学习放在一个识字单元之后。

中华文化源远流长，传统的语文教学都是在没有注音帮助的情况下进行的。从历史角度来看，中国传统的语文教育是从识字开始的，汉字才是语文的根。以前蒙学教材《三字经》《百家姓》《千字文》都是通过诵读的方式学习识字的，这是对传统的回归。统编教科书给儿童的“第一印象”不是字母 aoe，而是汉字“天地人”，这是给学生的人生第一印象，这个印象是一辈子的：学习语文，要把汉语、汉字摆在第一位，汉语拼音只是辅助汉字的工具。还有《金木水火土》《日月水火》《对韵歌》，要的是儿童对传统汉字的特别的感觉。先认字后学拼音，也是为了幼小衔接，放缓坡度，减少孩子们学习语文的畏难情绪。

二是认写分流，多认少写。统编版教材遵循“识写分流”的原则，科学安排识字、写字的顺序。每课课后的生字均分为会认的字、会写的字两部分。会认的字要求学生能够做到准确认读即可，会写的字要求学生在准确认读的基础上还能够正确规范地书写。

《义务教育语文课程标准(2022 年版)》中对小学阶段识字写字的字量做出了明确的规定，到第三学段学生须“累计认识常用汉字 3000 个左右，其中 2500 个会写”。统编教材依据课标中的目标要求，遵循“多认少写”的原则，一年级上册安排会认字 300 个，会写字 100 个；一年级下册安排会认字 400 个，会写字 200 个；二年级上册安排会认字 450 个，会写字 250 个；二年级下册安排会认字 450 个，会写字 250 个。

三是多元认字，重视方法。统编版教材在识字课文、语文园地“识字加油站”的编排中渗透了常用的识字方法，通过掌握识字的方法，提高学生识字的效率。如《日月水火》《日月明》中渗透字理识字，让学生初步认识象形字、会意字；《小书包》采用事物归类识字，让学生认识各种学习用品的名称；《小青蛙》采用字族文识字，通过字根“青”，快速识记“清”“晴”“情”“睛”“请”；《大小多少》采用反义词识字，让学生通过反义词加深对字义的理解；《猜字谜》采用谜语识字，增加识字的趣味性……

统编版教材注意引导学生初步了解汉字的偏旁、结构、构字、构词原理，如一年级上册语文园地五“我的发现”中引导学生掌握“木”字旁的字都与树木有关，“艹”的字都与植物有关；一年级下册《小青蛙》《猜字谜》引导学生掌握“氵”“日”“讠”“忄”等偏旁与汉字字义之间的联系。二年级根据合体字学习增加的情况进一步强化形声字形旁表义、声旁表音规律的教学，并引导学生充分利用这个规律大胆猜读生字，自主学习课文。如二年级上册语文园地三“我的发现”引导学生了解汉字字义与形旁有关；语文园地六“我的发现”引导学生了解形声字的读音与声旁有关等内容。

三、系统建构，科学呈现儿童学习语文的方法路径

1. 围绕人文主题和语文要素，双线组织阅读单元

统编版小学语文教材以双线组织阅读单元，在教什么、学什么方面有非常清晰的目标。所谓双线，就是宽泛的人文主题和语文要素两条线。教材将基本的语文知识、必需的语文能力、适当的学习策略和学习习惯分成若干个知识或能力训练的“点”，由浅入深、由易及难，分布在不同的单元，体现在阅读单元的练习系统之中，成为语文学习的要素。每个单元中，既有较为宽泛的人文主题，又有非常明确的语文学习的要素，使知识和能力的要求更加清晰、教学更加有章可循。

在低年级，双线要素以隐性的方式出现在课后的练习，到了中高年级，人文主题和语文要素在单元导读页中被明确地提出来。从三年级开始编排单元导语(图 1－6)，在精美的画面下分两部分表述：第一部分用一两句话点明单元主题，一般为名言警句，也有部分内容自编、改编。第二部分主要从阅读与表达的角度，提示本单元的语文学习要素、学习任务。这样的改变就是为了明确教学目标，强化训练意识，帮助一线教师解决语文课上该训练什么的困惑。需要注意的是，在不同的单元内部，课文及其他学习材料与语文要素的密合度是不一样的，比如说有的古诗词与语文要素就不是特别匹配，它们一般更符合人文主题的要求。

图 1－6　单元导语

2. 阅读与表达并重

语言素养一定是在语文实践过程中积累起来的。听说读写能力和语文思维创造能力的形成一定需要学习和运用同时发力，统编教材试图改变传统的完全以阅读为中心的教材编排体系，在重视培养阅读理解能力的同时，加大语言表达，特别是书面表达在教材内容中的比重，达到阅读理解和语言表达内容上的均衡，以引导语文教学更加关注表达，促进学生语言运用能力的提高。这是统

编语文教学的重要特点之一。

每个单元语文要素都是从阅读与表达两个角度来确定，单元设计尽可能考虑单元内部之间的横向联系，使之相互促进，协同发展，将语文学习方法的掌握、语文能力的发展落到实处。以阅读单元来说，从单元导语中的“习作要素”到课后的“小练笔”、单元“习作”、语文园地的“词句段运用”，与阅读内容交织、配合，为学生的表达提供了学习和练习的平台，阅读与表达相辅相成，阅读为表达提供示范，表达成为阅读的结果，学习和运用得到了很好地连接。

3. 精读、略读、课外阅读三位一体

长期以来，语文教科书几乎都分精读和略读两类课型，但是在教学实践中，普遍的做法是将精读作为重点多讲一点，略读就少讲一点，差别就是时间的多少。很多教师怕完成不了教学计划，几乎不怎么分精读、略读，或者全都按照精读要求来安排，两种课型几乎没有什么区分。其实精读和略读两种课型是有讲究的。精读课主要教师教，一般要求讲得比较细，比较精，就是给例子、给方法、举一反三，激发读书的兴趣；而略读课主要是让学生自己读，把精读课学到的方法运用到略读课中，自己去试验、体会。统编版语文教科书有意识改变这种课型不分的状况，加大了精读和略读两种课型的区分度，初中教材干脆改“精读”为“教读”，“略读”为“自读”。同时，新教材格外注重课外阅读延伸，这就建构了“精读—略读—课外阅读”组成的“三位一体”的教学结构。

统编语文教科书更加重视多种阅读方法的教学。以往语文教学比较偏重精读，扣得很死，虽然有用，但这是不够的。比如默读、浏览、跳读、猜读、比较阅读、读整本的书等，以往教材与教学都较少关注，结果是多数学生只会精读，而阅读速度很慢，也不会运用不同的阅读方法。统编教材在多种阅读方法的教学上增加分量，要求教师在教学实践中格外注意阅读方法问题，重视阅读速度的教学。

小学一年级课外阅读安排了“和大人一起读”栏目，意在和学前教育衔接，一开始就引导学生的读书兴趣。到了高年级，几乎每一课都有往课外阅读延伸的设计，还安排了包括“名著导读”“古典诗文诵读”等栏目。教科书的编排力图让语文教学从课堂延伸到课外，构成三位一体的阅读教学体系。

统编教科书让语文课更重视学生自主的阅读实践，包括课外阅读，努力做到课标所要求的“多读书，读好书，好读书，读整本的书”。语文课一定要延伸到课外阅读，让学生养成读书的生活方式。如果只是精读精讲，反复操练，没有激发阅读兴趣，也没有较多的阅读量和阅读面，学生的语文素养是不可能提升的。扩大阅读量，这是改革的方向。教师使用新教材，要研究如何把精读、略读、课外阅读三者结合起来，融为一体，千方百计激发学生读书的兴趣，只有实现了这一条，语文素养的提升才不是空话。

温儒敏教授说："现在语文课最大的弊病就是读书太少。"教材只能提供少量的课文，光是教课文、读课文是远远不够的。统编教科书虽然力图把精读、略读和课外阅读三者结合起来，但还需要教师以自己强大的学科背景去引导、以课内引导课外、以一篇带多篇、以一本带多本。也就是说把握好这套教材的前提是，教师要多读书，会读书，读好书。

4. 语文学习体现生活性和活动性

教科书强化生活意识，注重学语文、用语文，加强语文学习与生活经验的联系，使学生在真实的语文实践活动中学用结合，提升语文运用能力。

在写作教学内容的编排上，统编版小学语文教材注意将学生作文引向生活，各单元写作内容涉及学生的个人生活、家庭生活、校园生活和社会生活。习作题材覆盖绝大多数学生的生活经验，让他们一看这个题目就能唤醒已有的生活经验，从而达到"我手写我心"的效果。例如三年级的单元习作"猜猜他是谁""我们眼中的缤纷世界""我有一个想法""身边那些有特点的人"等，都是基于学生生活经验；"我的植物朋友""我做了一项小实验"，是让学生先做再写；常见应用文的写作如写留言条、书信、策划书、倡议书等，也是为了帮助学生解决现实生活中的需求、提高学生生活中的书面交际能力。

在口语交际内容的编排上，统编教材中口语交际的话题多来源于学生的生活。例如邀请小伙伴一起做游戏；介绍自己做的一件手工作品；交流自己名字里的故事；提出保护视力的建议；讨论父母之爱的表达方式；围绕同一本书交流读书心得……交流的内容都来自学生的生活，让学生有话可说。此外，某些生活类交际话题、讨论交流类话题的选择比较注重基于学生的实际需求，让学生在真实的交际情境中完成有实际意义的交际任务，对他们的日常生活有较强的指导意义。如三年级上册《请教》，引导学生有礼貌地向别人请教；四年级上册《安慰》，提醒学生选择合适的方式安慰好朋友；五年级上册《制定班级公约》，引导学生参与班级管理，营造良好的学习环境，建设团结友爱的班集体；六年级上册《演讲》，培养学生分条表述、表达观点的说理能力。这些话题实用性强，所引出的口语交际训练目标都是帮助学生解决生活中实际遇到的问题，学生可以把口语交际课上学到的原则和方法直接运用于自己的生活实践，提高学生日常口语交际的水平。

5. 语文要素训练呈序列发展

(1) 识字写字教学有序推进

你了解什么是语文要素吗？请结合你的理解谈一谈语文要素与语文教学的关系。

识字写字教学是第一学段的教学重点，统编版教材根据课标要求安排了一年级识认 700 个字、写 300 个字，二年级上册和二年级下册分别识认 450 个字、写 250 个字，一年级认识基本笔画和常用偏旁，强调按笔顺规则写字，二年级上册认识部首，关注字的间架结构。

学生自主识字能力的发展序列：一年级上册——借助图画识字；一年级下册——借助图画、汉字规律、语境与生活经验识字；二年级上册——综合运用，自主阅读全文不注音的课文；二年级教科书除了二年级上册课文全文注音以外，其他各处都是难字注音，三至四年级各册教科书的课文、课后练习和语文园地中的相关栏目难字注音，五至六年级各册教科书课后练习和语文园地中的相关栏目难字不注音。

关于写字的序列：一年级上册——从最简单的字入手，所写的字从简单到复杂，从独体到合体，体现明显的梯度，全册笔顺跟随，新笔画呈现在要求书写的字旁边；一年级下册——继续呈现新笔画，不再出现笔顺跟随，要写的字从描两个写一个改为描一个写两个，提高学生对汉字的独立观察和书写能力。

在一年级掌握了汉字基本笔画笔顺的基础上，二年级上册不再出现新笔画，也不再做笔顺跟随处理，要求写的字优先选择构词率高、笔画简单的字编排词语表，抄写以词语为单位，关注运用，为写话打下基础。

“书写提示”，在一年级强化笔画笔顺的基础上，二年级强化汉字的基本结构，继续培养学生良好的写字习惯，写字练习从笔画、单词的书写练习，到形近字同音字的区分练习，三年级开始要求写钢笔字，指导把字写得更美观。二年级着重指导汉字的基本结构，三年级着重指导单词的书写，四年级着重指导句子、段落的书写以及如何提高书写速度，五、六年级着重指导古诗、短文等篇章作品的书写。第二、三学段各安排了一次书写活动，即四年级下册的“写格言书签”和六年级上册的“书写作品展览”。

(2) 阅读表达能力长线发展

学生阅读能力的培养不是一朝一夕的事，也不是几节课就能解决的问题，需要长期不间断地学习和训练，教科书中语文要素的序列，就很好地遵循了这一特点，使学生的能力能在相应的年段得到培养和训练，比如重要的阅读能力“默读”，学生从二年级开始学习默读，到三年级时，要求默读时尽量做到不出声、不指读、带着问题读，到五年级专门有一个策略单元“提高默读的速度”，再到后面的“扫读”“跳读”等。再比如“复述”，二年级借助图片、关键词句或表格内容讲故事，复述课文的要求分散在单篇课文的教学中；三年级把复述故事作为单元的语文要素进行集中训练，在交流平台对复述故事的方法进行回顾和总结；四年级安排简要复述，五年级安排创造性复述。每一种阅读能力都需要经过几年的不断跟进和强化。

（3）习作能力训练阶段性发展

教科书从三年级开始安排习作，从表 1－1 可以看出，三年级主要是打基础，重点训练“观察”和“想象”两种习作的基本功，四年级和五年级分别侧重一种习作类型，六年级则侧重于怎样把作文写好，体现了分阶段重点训练的发展特点。

表 1－1　习作能力训练安排

册次	习作要素	册次	习作要素
三上	留心观察	三下	展开大胆的想象
四上	把一件事情写清楚	四下	按一定的顺序写景物
五上	运用说明方法介绍一种事物	五下	学习描写人物的方法
六上	围绕中心意思写	六下	表达真情实感

思考与练习

1. 在解读统编小学语文教科书的过程中，最需要把握的重要理念有哪些？谈谈你的看法。

2. 下面是某位老师研读五年级下册第六单元内容后，拟订的学习目标。请结合本单元所学，厘清本单元语文要素在统编教材中所处的位置以及训练重点。评价这一教学目标。

扫码查看1-1 五年级下册第六单元及语文要素一览表

（1）借助画图的方法梳理文章主要内容和人物的具体做法，并依此推测人物思维过程。

（2）联系文中人物处境，抓住描写具体情境的句子，根据当时的实际情况和人物的举动，推测人物的思维过程。

（3）在读懂人物想法、思维过程的基础上，理解人物品质，读懂作者的表达意图。

3. 温儒敏曾对语文课堂教学中不分文体、程式化教学的乱象给予严厉批评："不管学什么文体，无论小说、散文、诗歌、童话、议论文、科技文，全都用差不多的程序和讲法，都要讲什么作者介绍、写作背景、段落大意、主题思想、生词修辞，等等。课型也是没有变化，没有节奏。老是那一套……"通过学习本单元，你了解到统编教材设置了哪些文体单元？把握文体单元特点对于教师的教学将带来哪些改变？

第二章
文本解读的方法和策略

本章导读

文本解读是读者通过阅读走进文本、走近作者，从文本中获取信息、形成自己理解的过程。文本解读能力是语文教师必备的专业能力，是语文教师的核心竞争力。教师是“课堂阅读活动的组织者、学生阅读的促进者”，必须具备较强的文本解读能力，独到的眼光，才能发现文本的丰富内涵和价值，才能帮助学生在阅读与欣赏、表达与交流的实践中，掌握学习语文的方法，增强语文应用能力，培养审美能力、鉴赏能力。

学习目标

1. 了解文本解读的意义和教学价值，增强文本解读的意识。

2. 掌握小学语文教材文本解读的内容，提高文本解读的有效性。

3. 掌握文本解读的方法，并能够根据文本特点运用所学方法和策略进行文本解读，提高文本解读能力。

思政目标

1. 认识文本解读重要性的同时，加强对语文教师职责的了解，增强教师职业认同感和责任意识。

2. 通过文本解读真正走进文本、走近作者，深入感受语言文字及作品的独特价值，认识中华文化的丰厚博大，树立文化自信。

第一节 文本解读的意义与价值

一、文本解读的意义

谈小学语文文本解读，先要了解“文本”是什么？“文本”在广义上可理解为句子、段落、篇章、书册等。语文教学中的文本，包括教师和学生在教学过程中接触到的全部口头或书面的言语材料，在本书中则指语文教材中的一篇篇课文。“文本解读”顾名思义就是“通过分析读懂课文”。教师对文本的解读是在发现文本意义的基础上，进而提炼出文本的学习价值，同时对如何用“本”文本落实具体的学习价值进行构思和谋划。因此，教师的文本解读更确切的说法是“文本教学解读”。

《义务教育语文课程标准(2022年版)》在总目标中指出：学生应具备独立阅读能力，学会运用多种阅读方式，有较丰富的语言积累和良好的语感，能感受语言文字的美，感悟作品的思想内涵和艺术价值，能结合自己的经验，理解、欣赏和初步评价语言文字作品，丰富自己的情感体验和精神世界。可见，培养学生的文本解读能力非常重要，若教师自己都不能正确解读文本，何以指导学生的阅读呢？

著名特级教师孙双金老师也指出：“上好语文课，解读文本是第一步。”教师的文本解读是确定学习目标的基础、是选择学习内容的前提、是设计和组织学习活动的基础、是对学习成果进行评价的重要参考。可以说，在小学语文教学活动中，教师文本解读质量的好坏和能力的高低，直接关系着语文课程高效与否。

比如《秋天》是一年级的第一篇课文，很多刚走上教学岗位的老师都曾有过这样的疑问：如此简练的课文，有什么好解读的？先来看看这篇课文的内容。

天气凉了，树叶黄了，一片片叶子从树上落下来。

天空那么蓝，那么高。一群大雁往南飞，一会儿排成“人”字，一会儿排成“一”字。

啊！秋天来了。

这篇简短的课文，3个自然段，5句话，计标点仅62字。如果没有经过文本解读，老师在课堂上该如何组织教学呢？无外乎会提这样几个问题：天凉了，树叶怎么样了？天空是什么样的？知道大雁为什么往南飞吗？怎么知道秋天来了呢？边提问，边让学生到文中找答案。这样的学习，连纸上谈兵也算不上，更不要说对文本意义的理解和语言的体会了。

下面我们就试着详细而深入地解读一下这篇短课文。

先从整体上看这三个自然段的关系，也就是文本内部构造的逻辑。当我们读到第三自然段的时候，会恍然发现一、二自然段中几种事物的选择和描写都是有目的的，树叶、天空、大雁在这一刻所呈现出来的样子，就是典型的秋天已经来临的景象。

为什么作者要选择树叶、天空、大雁这几种事物，而不是选择别的事物来说明秋天来了呢？仅仅是这几种事物具有典型性吗？树叶是眼前的事物、身边的事物、近处的事物，走到户外，迎面就能看见；当目光由落叶向树梢望去，树梢上方是天空，天空是高处、远处的事物，大雁在高远的天空中飞翔，也是远处的事物。从树叶到大雁，恰好是一个由近及远自然的观察、发现的动作和过程。同时，树叶、天空和大雁是三种不同类事物，不同的事物都发生了变化，才能让人真切地感受到秋天来了。

再来看几个句子的长短和节奏。写树叶、天空、大雁，整齐中有变化，长短句错落有致，读来朗朗上口，节奏简洁明了，画面感极强。这样的语言，十分适合小学生朗读和感受，文字即画面，语言形象了，语言体验就水到渠成了。最后一个自然段，简单的一句"啊"，是情感的自然抒发，是发现新事物时的感叹、赞叹，在这一声赞叹中读者如临文本之情境，"真实地"感受到"秋天来了"。

试想，如果有这样的文本解读，老师还会问"这句话到底写了些什么"吗？老师们一定会自然而然地把朗读理解文本的过程设计成发现和感受秋天来了的过程，一定会让学生通过具体的言语实践活动，进入文本情境，得言亦得意。这样学习教材中的第一篇课文，学生就会觉得阅读学习是一件充满情趣和魅力的事情了。当然，课堂学习不是重复教师对文本的解读，而是把老师的解读转化成适合学生的学习内容和活动。例如与"树叶""天空""大雁"有关的词句，在解读的基础上，老师可组织这样的学习活动：

师：现在正是秋天，我们衣服穿得多了，因为天气凉了。看看窗外，树叶……

生：黄了。

师：我们经常会看到，一片片树叶……

生：从树上落下来。

师：如果起了一阵风，更多的树叶……

生：从树上落下来。

师：抬头看看窗外的天空，你会发现……

生：天空那么蓝，那么高。

师：正如人们常说的一个词语，叫作“秋高气爽”。

师：有时候，我们在外面抬头看高高的、蓝蓝的天空，还会看到一种鸟，排着队飞向温暖的南方，这种鸟是“大雁”。（出示图片，播放大雁南飞视频）这就是课文中所写的一段文字……

生：一群大雁往南飞，一会儿排成个“人”字，一会儿排成个“一”字。

大量的课堂实例说明，很多成功的语文教学都是建立在老师对课文深入独到的解读基础上的。正如浙江的沈大安先生说：“有了精彩的文本解读，才会有出彩的语文课堂。”

二、文本解读的价值

你认为文本解读重要吗？请说明你的理由。

文本解读的独特价值在于它将阅读行为具体化与深入化。文本解读在不同层面拓宽并深化着语文阅读教学的内容，同时在不同侧面丰富着阅读在语文教学中的功能。具体体现在如下方面：

第一，文本解读作为人文素养教育的基本手段，它以获取信息和意义为主要目的，注重作品思想内容和意蕴带给对方的精神愉悦和感受，以潜移默化和熏陶感染的方式，实现读者精神、气质和文化的提升。

第二，文本解读是语文教师专业能力的重要组成部分。教师对文本内容解读的深度、广度、高度即是一堂课的有效度。

例如叶永烈的《真理诞生于一百个问号之后》（统编版六年级下册），只有读懂了作者构思的缜密，课堂学习内容才会围绕作者的论证思路来选择，引导学生体会三个事例的选择和表述都是有讲究的，都是为了更好地论证作者的观点。第三、四、五自然段，作者是围绕和呼应第二自然段来举例论证观点的。三个事例正是按照第二自然段“现象—问题—探索—结果”的顺序来写的，这种严谨呼应的叙述层次，有力地证明了“真理诞生于一百个问号之后”这个观点。再细细对比这三个事例，洗澡水的漩涡属于物理现象；紫罗兰的变色属于化学现象；睡觉时眼珠的转动属于生理学现象。三个事例，三个不同类别的科学现象和发现，肯定比三个同一类别的例子更有说服力，这就更加体现出了作者缜密的思维。

第三，文本解读让师生在体验、反思中反观自我、认识自我。解读文本就是以自己的体验去理解文本中他人的生命和内在精神世界，进而引发自我反思，促使自己对个人的学习、生活状况和价值需求等进行反观，从中发现自我、创造新的自我。

综上所述，文本解读不仅是获取信息，更是通过阅读丰富自己的心灵，塑造自己的人格与精神气质的过程，是人的精神生活重要的组成部分。在一个浮躁喧嚣的时代，能够静下心来阅读，并以解读的方式阅读从而汲取人文经典的丰富内容，成为一个高尚、优雅的人，这才是语文教育真正的目的。

第二节　小学语文文本解读的内容与方法

一、小学语文教材文本解读的内容

小学语文教材中的课文看似简单易懂，但教师在解读时容易忽略其文本语言特点和其独特或丰富的内涵。“现在的教材绝大多数一看就懂，所以很容易在钻研教材的时候‘滑’过去，而不是像犁地一样‘犁’过去。”(王崧舟)“滑”过去，文本的解读就会流于表面，“犁”过去则需要挖掘文本内在值得解读的地方。结合教学实践，语文文本解读既要挖掘一看便知的文本外显价值，又要善于挖掘文本的内隐价值。

1. 内容主题

文本解读一般包含以下三个方面的内容：

一是解读文本呈现的具体语言系统，如字词句、写法、结构等。

二是解读文本呈现出的人物形象、社会生活故事以及故事背景等其他内容。

三是解读文本形象内含的思想、情感欲望等深层内容。

2. 谋篇布局

每一篇课文都有自己谋篇布局的思路。在阅读教学时，教师应指导学生总览全文，把握文本结构特点，如分析文章的开头、结尾、段落层次、过渡、照应等的安排，这对于小学生的写作是大有益处的。小学语文教材中常见的文章结构类型有四种：

(1) 并列式结构：文本各部分的内容没有主次轻重之分；或是有的段落中，句与句之间的关系是并列的。如《美丽的小兴安岭》(统编版三年级上册)中的第四段，四句话分别写了“树木”“晨雾”“太阳”“野花”都是围绕小兴安岭夏天美丽的景色来写，句与句之间的关系是并列的。

(2) 总分式结构：先总述，再进行分说。这种关系还可以演变为“分—总”或“总—分—总”的结构方式。如《富饶的西沙群岛》(统编版三年级上册)一课，总写西沙群岛风景优美，物产丰富；分写海面、海底、海滩、岛上；最后归纳总结西沙群岛将会更美丽富饶。

(3) 递进式结构：按照事物或事理的发展规律以及逻辑关系，一层一层地安排组织材料，层次之间深化递进的结构方式。

(4) 对照式结构：文中两部分内容或进行对比，或用这部分内容烘托另一部分内容。

不同文体文章的结构安排有不同的特点：叙事性文本一般包括小说、散文等，常按时间、空间、人物、事件、情感等安排全文；说明性文章常按时间、空间、逻辑等顺序安排全文；议论文常按引论、本论、结论三部分安排全文。然后注意过渡句、中心句等。最后注意表示结构的一些标志性语言，如“第一”“第二”“首先……其次……”“一方面……另一方面……”“不仅如此……”“此外”等。

句段常用的结构术语有对比、衬托、铺垫、悬念、伏笔、照应、呼应、抑扬、波澜、过渡、线索、倒叙、插叙、层层深入、突出中心、深化中心、丰富内涵等。

我们还可以结合句段的位置来把握其在结构上的作用。开头的句段：开篇点题；总领全文；引起下文，为下文作铺垫；设置悬念，引起读者的兴趣或思考；为下文埋下伏笔等。中间的句段：总结上文；引出下文；承上启下(过渡)；为下文埋下伏笔；为下文作铺垫；推动情节的发展等。结尾的句段：总结全文；点明中心；深化中心，升华主题；照应开头(或上文)，首尾呼应；给人启示等。

3. 语言品读

语文课文所呈现的具体语言体系包括词语、语句、写法、结构等内容。如阅读一篇课文，要求按照教材要求，去识字、解词、析句、品段、学篇；解读语文知识的过程中，还可以了解一些语法、修辞、文学方面的知识。

(1) 字词学习是每个阶段的语文基础知识学习，除了课文的生字新词，还要关注具有重要表情达意作用的词。

如学习《海底世界》(统编版三年级下册)时,可把“宁静”“窃窃私语”“嗡嗡”等表示海底世界声音的词语作为重点,“蕴藏”“储藏量”等也都要重点理解,因为这些词语都体现了海底世界是一个“物产丰富”的世界。再如《我的伯父鲁迅先生》(统编版六年级上册)中有一句“从此,我读什么书都不再马马虎虎了”。这里的“马马虎虎”是一个叠音词,起强调作用。正因为作者读书时“马马虎虎”,所以在谈《水浒传》时才闹出了张冠李戴的笑话,也表达了“我”羞愧的心情。叠词的运用,可以增强语言的感染力,使文章更加生动形象。教师在阅读教学中,要指导学生结合具体的语言环境,去细细地领会和品味语言文字。

(2) 使用重要修辞的句子,也应该有选择地纳入学习目标并加以理解。

如《秋天的雨》(统编版三年级上册)在课后习题中列出了以下句子:

黄色的叶子像一把把小扇子,扇哪扇哪,扇走了夏天的炎热。它把红色给了枫树,红红的枫叶像一枚枚邮票,飘哇飘哇,邮来了秋天的凉爽。

其中的比喻句的写法就是本课的学习重点。

再如《白鹅》,习题中列出了以下句子:

鹅的步调从容,大模大样的,颇像京剧里的净角出场。

狗又敏捷地跑上来,把它的饭吃完,扬长而去。

教师要指导学生理解作者运用拟人的手法描写了鹅的高傲和狗的敏捷,并且语言幽默风趣。

(3) 某些富有特点的句式,如常见的感叹句、反问句等,甚至某种标点符号,如果在文中表达效果突出,都要作为解读的重点内容对待。

如《白鹭》(统编版五年级上册)中“但是白鹭本身不就是一首很优美的歌吗?”(反问句);《桂花雨》(统编版五年级上册)第五自然段写摇桂花,“我喊着:‘啊! 真像下雨,好香的雨呀!’”(感叹句)表达效果突出。还有《牧场之国》(统编版五年级下册)第一自然段,“荷兰,是水之国,花之国,也是牧场之国。”“是……也是……”的句式,不仅是揭示并列关系,更是要强调荷兰是“牧场之国”。

4. 写作技巧

阅读教学不仅要理解语言内容,更要学习语言表达,培养学生的写作能力。语文教学的根本任务,就是培养学生对语言文字的理解力、敏感度和表达力。

写作手法包含表达方式、修辞手法、表现手法等方面。

常见的五种表达方式：记叙、议论、抒情、描写、说明。

如说明性文章可以帮助我们认识事物、获取知识。为了把抽象、复杂的事物说得清楚明白，往往会使用打比方、列数字、举例子、作比较等说明方法。如太阳的温度是很难感知的，但是《太阳》（统编版五年级下册）一文中告诉大家它的“表面温度有五千多摄氏度”，“钢铁碰到它，也会变成气体”，就容易理解了。说明性文章通常会抓住事物鲜明的特点进行具体说明，使我们清楚地了解事物。如《松鼠》（统编版五年级下册）一文中布封通过对松鼠尾巴的细致描述，让我们仿佛看到了松鼠乖巧可爱的样子。说明性文章的语言风格多样。有的平实，如《太阳》；有的活泼，如《松鼠》。无论哪种风格，描述都要准确、清楚、有条理。

常见的修辞手法：比喻（明喻、暗喻、借喻和博喻），借代，夸张，对偶，比拟（拟人、拟物），排比，设问，反问。

常见的表现手法：联想、想象、象征、对比、衬托、抑扬、前后照应、正面侧面描写、虚实结合、托物言志、直抒胸臆、借景抒情、融情于景等。

“情以物迁，辞以情发。”写文章就像说话一样，要抒发自己的真实情感。有时，我们把情感融入具体的人、事或景物之中，在叙述中自然而然地流露情感。如《那个星期天》（统编版六年级下册）有一段叙述了“我”怎样“挨时光”：“我踏着一块块方砖跳，跳房子，等母亲回来。我看着天看着云彩走，等母亲回来……”借助写“跳房子”“看着云彩走”这些举动，真实自然地表达了“我”等待时“焦急又兴奋”的情感，这就是融情于景。有时，我们也可以把心里想说的话直接写出来，抒发自己的情感。如《匆匆》（统编版六年级下册）第四自然段，作者用一连串的问句，直抒胸臆，表达了对时间飞逝的惋惜和感叹，很能打动读者，使读者产生相同的感受。

二、小学语文文本解读的方法

文本解读是指引导和组织学生读懂文本。教师除了明确应该解读哪些内容外，还要把好各年段阅读教学的质量关，提高学生的阅读能力。就当前的教学实际来看，文本解读应根据学段、学生、文本的特点，对文本进行准确、富有创意的解读。这种文本解读能力，恰恰是语文老师的看家本领。如何练好这门本领呢？当然，也是有办法的。

1. 提领法

提领法的提出者是张庆先生，他在《倡简、务本、求实、有度》一文中这样说："掰碎了讲，完美的课文就变得七零八落。我奉献八个字：提领而顿，百毛皆顺。"这里的"领"就是"衣领"，就是文本牵一发而动全身的关键，如诗歌的诗眼、文章的文眼，以此为切口，整首诗、整篇文章一下子变得简单明了。

比如老舍老师写的《猫》和《母鸡》(统编版四年级下册)，我们在解读的时候，只要抓住一个关键词——"可是"，就可以读透两篇。《猫》一文中连用了四个"可是"，四次小的转折就把古怪的性格淋漓尽致地表达出来了。

再看《母鸡》，它的品格也是用一个"可是"写出来的。"可是我现在改变了心思，我看见一只孵出小雏鸡的母鸡。"这句话当中的"可是"就将上文我对母鸡的挑剔讨厌转为了下文我对母鸡的喜爱，写尽了母鸡的伟大。

提领法就是抓住文本中的关键词句，这样即使再长再难的诗文也能清晰地解读出来。

2. 还原法

还原法是孙绍振先生提出来的。他说："所谓还原法，就是根据艺术形象提供的线索，把未经加工的原生形态想象出来，找出艺术和原生形态之间的差异，有差异就不愁没有矛盾了。"[①]

还原事物的原生状态，发现差异和矛盾。这种方法最适用于古诗词的解读，散文中有些看似无理的描写也需要做这样的还原。

如"两岸猿声啼不住，轻舟已过万重山。""海内存知己，天涯若比邻。"这些常理之外的感觉、感受，往往带给读者最大的冲击、最深的印象，这就是事实与文本表达之间巨大的差异和矛盾。

李白乘舟所经之途，乃三峡迂回曲折，相当险恶之江段，按理说应该会战战兢兢才对，他却在诗中说"轻舟已过万重山"，轻舟，是心情轻松、轻快的投射。其抒发的感受与事实明显矛盾，到底是为什么呢？

诗中人物是在特定背景下活动的，正如李白的"轻舟已过万重山"，表面看是不合理的，是与事实矛盾的，但还原到他当时的活动背景中就恰当了，在情感上也是合逻辑的。当时，李白因政治原因被判流放夜郎，声名狼藉，可能万念俱灰了，却不承想在到达白帝

---

① 孙绍振. 直谏中学语文教学[M]. 广州：南方日报出版社，2003：113－114.

城时，赦书到了，政治压力没了，还可以和家人团聚了。此时此刻，李白虽年近花甲，却有了青春焕发的体验，也就不把三峡的凶险放在心上了，自然“轻舟已过万重山”了。

梁晓声的《慈母情深》（统编版五年级上册）中写：“背直起来了，我的母亲。转过身来了，我的母亲。褐色的口罩上方，一双眼神疲惫的眼睛吃惊地望着我。我的母亲……”原本，从“背直起来”到“望着我”，动作应该是连贯的、是一瞬间的，可作者的描写让人感觉这几个动作是缓慢地、一步一步完成的。这种“不合理”的描写，恰恰通过“慢镜头”和“特写”突出母亲艰辛忙碌的同时，还表现出“我”内心的惊讶和震撼。

所以还原法，能够让我们看到诗文的奥秘所在。它的要点就是将生活中实实在在的事物和文章当中的艺术形象做一个比较，并且置换到诗文当中，造成极大的反差，从而让读者幡然醒悟，解读到诗文的妙处，揣摩到作者的良苦用心。

3. 原型法

原型即文章的原型结构。透过文本内容，揣摩作者构思，把握这一类文本的原型结构及心智模式。把握文本的原型结构，就能运用这样的构思去创作同样的作品。

如小说《跳水》（统编版五年级下册），妙在何处？作者是怎么构思的呢？

一是制造一个危机：水手逗猴子取乐，猴子摘孩子帽子，孩子追猴子爬上桅杆遇险。究竟是谁把孩子引上桅杆的呢？乍一看，是猴子把孩子引上去的。再一看，是水手的笑让孩子觉得失去尊严才上去的。细一看，是孩子自己把自己气上去的。帽子只是制造危机的一个工具。

二是解决这个危机。孩子、水手、猴子等都无法解决这个问题。这时候，只有制造一个意外，故事才能转弯，才能得到一个圆满的结局。于是出现了船长用枪逼孩子跳水，化险为夷。船长的形象就深深地刻在读者的脑海里了。尽管小说写船长只用了短短的两句话，却让他的形象熠熠生辉，使他成为当之无愧故事的主人公。

由此可见，把握小说的故事原型，对小说的解读就如庖丁解牛，抓住要点脉络就清晰了。

《巨人的花园》（统编版四年级下册）故事的原型就是两个字：有和无。只要把握了这样的原型结构，故事的主题就好把握了。

4. 见人法

所谓见人法，是王荣生先生在《散文教学教什么》一书当中提出的。他说："不妨从以下三个方面来确定教学内容，一是作者个性化的言语表达、语句章法；二是作者的所见所闻及个性化的言说对象；三是作者的所思所想，他独特的情感认知。"这三个方面集中说明一点，就是要透过散文所写的人、事、景、物及思想感情和言语表达的风格看到背后的那一个人，看见他与众不同的心思、心眼与心胸。

所以，读散文一定要看是谁在写、是在什么情况下写的。我们要借助文本，与作者进行心灵的深度对话，从对话中汲取思想的营养、获得精神的成长。

比如清少纳言的《四季之美》(统编版五年级上册)，文中说春天最美是黎明，夏天最美是夜晚，秋天最美是黄昏，冬天最美是早晨。难道白天不美吗？为什么不写白天？你了解作者的生平才知道，身为宫廷女官的她，唯有黎明早晨与黄昏夜晚这些闲暇的时光。在这偶尔难得的闲暇时光中，她却能用细腻的心思发现寻常事物的最美瞬间——黎明的天色、雨夜的萤火、黄昏的归鸦与雁群、东城的炭火。你不难发现，这些寻常事物如此之美，折射出来的就是清少纳言那一颗敏感而又具审美的女人心。她把寻常的日子过成了一首诗，那么有情趣、那么有意思。这样读，你的心境自然就和清少纳言的心境相呼应相映照。四季之美，你才能真正读进去，也能够走出来。

再比如吴冠中的散文《父爱之舟》(统编版五年级上册)，你也可以从人切入，以情为主线，将文中的叙述碎片串成珍珠项链。这样的文本解读就能做到不蔓不枝，始终围绕一个灵魂，那就是人物所折射出来的思想与情感，这是见人法。

5. 降维法

降维，即回到学生的原有水平，见识文本表达的"高明之处"。

教师的文本解读水平，往往高于学生一个维度，教师认为显而易见的，学生可能无法理解。而从学生的角度，降一个维度来解读文本，就能深入浅出地为学生铺设台阶。

如萧红的《火烧云》(统编版三年级下册)，学生读来读去感受不到有多美。若让学生来写火烧云，以颜色为例，学生可能会写：这里的火烧云有红的、紫的、灰的，五颜六色。再看作者，从单色到复色，到比喻色，再到说也说不出来、见也没见过。

学生见识了作家的高明，再运用这样的方法写生活中的景物。这样降一个维度，学生就能有招可学、有法可用。

6. 要素法

你还知道哪些文本解读的方法？请跟大家一起分享吧！

语文要素大家都熟悉，统编语文教材实现双线并进，人文主题与语文要素相互印证。陈先云先生在《统编小学语文教科书能力体系的构建》当中对语文要素做了一个界定：“所谓语文要素，就是语文训练的基本元素，包括‘基本方法、基本能力、基本学习内容和学习习惯’。”语文要素是解读单元文本的一个切口，即要找到这个要素在这篇文章当中到底落在哪里了。

比如民间故事《漏》（统编版三年级下册），这篇文章很长，故事也很曲折，不理清头绪、不抓住规律，就让学生来复述，无疑是一团乱麻。

党志军老师对于《漏》这篇文章解读得一针见血，那就是要抓规律练复述。怎么抓规律？先抓故事规律。

这个故事当中，第一，贼和老虎干坏事的做法是一样的，想法也是一样的，遭遇也是一样的。贼和老虎一一对应，你这样想，我也这样想；你这样做，我也这样做；你这样遭遇，我也这样遭遇。抓住了这个规律，复述的时候，你只要记住前一个是怎么做的，前一个是怎么想的，前一个是怎么遭遇的，那就能够讲述后一个人的想法、做法、遭遇；故事一下子就变得简单了。第二，根据不同的地点，将长故事分成三个短故事，一个地点讲一个故事。于是那么长的一篇民间故事，学生就能轻轻松松且有条有理地复述了，那些细节他也能够完整地讲出来了。

可见，找出复述这一个单元要素，在《漏》这一篇长文中的弱点就是抓故事规律这个复述的“锚”，学习就变得简单了。

当然，大家可以在自己实践经验的基础上，提炼出更有效、更简便、更通俗的解读方式。

思考与练习

1. 三年级上册《美丽的小兴安岭》一课中有许多描写景物的句子，体会加点词好在哪里。

春天，树木抽出新的枝条，长出嫩绿的叶子；早晨，雾从山谷里升起来，整个森林浸在乳白色的浓雾里。

2. 认真读例段，完成练习。

秋天是令人向往的季节。天高云淡，秋风瑟瑟。大地穿上了黄色的毛衣；鲜艳的枫树叶随着秋风悠悠地飘落着，好像一只只彩色斑斓的蝴蝶在翩翩起舞；那松树爷爷却不顾寒霜降临，仍穿着它那碧绿的长袍，显得更加苍翠；花园里，菊花争香斗艳，红的如火，粉的似霞，白的像雪，美不胜收；柿子树上挂满了黄澄澄的柿子，像一个个大大小小的橘黄灯笼；红通通的海棠把树枝都压弯了……秋天，果实累累，景色迷人，我爱秋天。

① 这一段句与句之间的关系是________关系。一共写了________层。

② 第一层是总起句：________________________________

第三层是总结句：________________________________

③ 第二层描写了哪几种景物？运用了哪几种修辞手法？

描写的景物有：________________________________

运用的修辞手法是：________________________________

3. 以《家乡的变化真大呀》为题，用"总—分—总"的形式写一段话。

第三章
故事类文本解读

本章导读

故事是儿童最喜欢的一种文学体裁，通常包括童话、寓言、神话、民间故事等。故事性文本常常寓教于乐，依据儿童的身心发展特点，开启智慧、丰富头脑，能有效地拓宽他们的知识面，培养儿童对知识的感知兴趣，不断丰富儿童知识。故事是开启儿童智慧大门的一把钥匙，深入解读故事性文本，能够帮助我们在教学中提升儿童的思维能力和想象能力，促使儿童的思维更加细微、准确，想象更加斑斓、开阔。

学习目标

1. 了解童话、寓言、神话、民间故事的文体特征，阅读时能够根据各自的文体特征准确分辨不同的文体类型。

2. 了解统编版教材中童话、寓言、神话、民间故事的选文特点。

3. 掌握童话、寓言、神话、民间故事的解读方法和策略，能够运用所学方法解读文本。

思政目标

1. 在阅读童话、寓言、神话、民间故事的过程中感受中国文化的悠久历史、博大精深；通过品读故事性文本中独特的语言表达，感受中国语言文字的魅力，树立文化自信。

2. 在分析童话、寓言、神话、民间故事中的人物形象的过程中，懂得为人处事的道理，体会故事中蕴含的优秀品质，塑造良好的品格。

第一节 童 话

一、童话的文体特征

(一) 童话的定义

童话在英文中为“fairy tales”,译为仙子故事。最早的童话都是从民间故事(folk tales)改编而来的。童话是以幻想为核心,以拟人、夸张、变形等为主要艺术表现手段,满足于表现人类普通愿望的、适合儿童欣赏和接受的叙事文学样式。[①]

(二) 童话的特征

1. 幻想性

洪汛涛曾说:“童话这座大厦是由幻想的砖石所砌叠而成的。”[②]我们常常把童话比喻为天上飞行的鸟,把幻想比喻为鸟的翅膀。幻想是每个人的本能,而童话就是借助幻想的翅膀,才得以展翅飞翔。在童话中风儿会歌唱、树叶会舞蹈、星星会眨眼、彩虹会架桥,世间万物都会与我们对话,成为我们的朋友。

2. 审美性

童话具有很强的审美性,它带给儿童唯美的生命体验,在这独特的体验中慢慢地走向成长,正如贝洛所说的那样:“一则童话就好比是一颗种子,最初激起的只不过是孩子喜悦或悲伤的感情,可是,渐渐地,幼芽冲破了种子的表皮,萌芽、成长并开出了美丽的花朵。”[③]吴其南在《童话的诗学》中写道:“童话是一种能引起少年儿童审美响应的假定性文学,文学性、以非生活本身形式塑造艺术形象、儿童性是其三大特点。”[④]

---

① 王泉根.儿童文学教程[M].北京:北京师范大学出版社,2008:126.
② 洪汛涛.童话学[M].武汉:长江文艺出版社,2018:100-141.
③ 韦苇.世界童话史[M].福州:福建教育出版社,2002:78.
④ 吴其南.童话的诗学[M].北京:北京文联出版社,2001:21.

3. **夸张性**

童话的夸张，应该是夸张的夸张，是一种生活的超夸张，不仅是把生活中的某一部分放大开来，而且是到了变形的地步。《皇帝的新装》中，两个骗子将皇帝骗得团团转，皇帝赤身裸体走在大街上，还以为自己穿了一件华丽漂亮的衣服，这就是将皇帝的愚蠢夸张化了。夸张是儿童习以为常的思维方式，也是儿童常用的表达手段。童话中的夸张，以孩子惯用的思维与表达方式让他们兴趣盎然的同时，也可以收获道理、感悟成长。

4. **反复性**

童话故事大多是按照事情发展顺序叙述的，有头有尾，故事情节完整，有些童话在叙述过程中使用反复的手法，即相同的情节和语言往往稍加变动反复出现。如《蜘蛛开店》中的小蜘蛛决定开一家商店，口罩编织店、围巾编织店和袜子编织店依次根据故事情节的发展开了起来，可因为来的顾客——河马、长颈鹿和蜈蚣太不可思议，都以失败而告终；又如《总也倒不了的老屋》中，每当老屋准备倒下的时候，小猫、老母鸡和小蜘蛛就依次出现，请求老屋不要倒下并帮助它们，老屋一一答应了它们的请求，一直没有倒下。

（三）童话的分类

童话作品分类是多样的，概括起来有三种。

1. 根据童话中人物形象特点，可分为拟人体童话、常人体童话和超人体童话

拟人体童话是指将人类以外的各种有生命或无生命的生物人格化的童话，这种人格化的事物在童话中不仅有了生命，而且具备了同人一样的感情，可以像人一样思考、说话和活动。统编版教材中大部分课文是拟人体童话，如《雪孩子》《风娃娃》等。

常人体童话是指以人的本来面目出现的童话，童话中的人物看起来与常人完全一样，但性格、行为、遭遇都极度夸张，往往具有某种讽刺性和象征性。如《皇帝的新装》里面无比愚蠢可笑的皇帝，这样的人物形象、这样的事件，在现实生活中是根本不存在的。

超人体童话是指描写超越自然力量的人物及其活动的童话。超人体童话的主人公常为巨人、侏儒之类，这些形象所具有的超常能力可以做到童话中的其他人物所不能做到的事情，创造出匪夷所思的奇迹。如四年级下册第八单元的《巨人的花园》，就是超人体童话的代表之一。

2. 根据童话的体裁，可分为散文体童话故事、童话诗和童话剧

（1）散文体童话以散文的形式表现出来，文字优美，读起来给人以诗一般的美感。如日本童话作家安房直子的《狐狸的窗户》。

（2）童话诗是以诗歌的形式展现出的童话，如金波的《一只蓝鸟和一棵树》。

（3）童话剧是以童话为内容，戏剧为形式创作的故事。很多读者喜爱的童话故事都被改编成了童话剧，如《白雪公主》《丑小鸭》等。

3. 根据童话的来源，可分为民间童话、创作童话和教材自编童话

民间童话是民间创作和流传的适合儿童阅读的幻想故事，具有浓厚的幻想和丰富的想象，以及明显的地方色彩和民族色彩。比如我们耳熟能详的童话名篇《灰姑娘》《美女与野兽》《丑小鸭》等，这些都是口耳相传留下来的民间童话。

创作童话指的是作家个人创作的童话，具有文学作品的书面色彩。比如叶圣陶的《稻草人》。

教材自编童话是专门针小学语文教科书而编写的一类童话，这类童话或以向学生传递自然知识为主题，或以传授语文知识为目的，形式多样。如统编版语文一年级下册第5课《小公鸡和小鸭子》就选自人民教育出版社《全日制十年制学校小学课本(试用本)语文第一册》。

二、统编版小学语文童话的编排情况及特点

（一）统编版小学语文教材中童话文本的分布情况

表3-1　统编版小学语文教材童话选文数量及所占比例

年级	童话作品数	课文总数	分册中占比	年级课文占比
一上	5	14	36%	40%
一下	9	21	43%	
二上	11	24	46%	39%
二下	8	25	32%	
三上	7	27	26%	22%
三下	5	28	18%	

（续表）

年级	童话作品数	课文总数	分册中占比	年级课文占比
四上	3	27	11%	11%
四下	3	27	11%	
五上	0	27	0%	0%
五下	0	23	0%	
六上	0	27	0%	2%
六下	1	27	4%	
合计	52	297		18%

（二）统编版小学语文教材中童话文本的编排特点

从表 3－1 中可以看出，教材中的童话选文多数集中在小学低年级阶段，主要是一、二年级。随着年段的增长，童话选文的数量逐渐减少。五年级更是出现了童话选文为 0 篇的情况，六年级阶段只有在下册出现了 1 篇的情况。统编版小学低年级语文教科书的童话选文有以下特点：

（1）童话在低年级教科书中的占比接近 40%，说明童话是小学低年级阅读的首要题材。

（2）童话的类型以国内创作类为主，有一定比例的民间古典作品和国外的优秀作品，全部为拟人体童话。

（3）篇幅随着年级的增加循序渐进地增加，跟整体的学习目标相契合。

（4）大多数的童话都经过了部分改写，以满足教科书的基础性和适应性。

（5）童话的主题，低年级以认识自然类为主，其他人际交往类、幽默趣味类、智慧哲理类均衡分布。

（6）在编排序列上结合单元主题进行穿插分布，也有单元整合集中分布的情况。

三、童话的解读方法与策略

1. 多种方式品读，探究童话语言魅力

选入小学语文课本中的童话故事，叙述时一般以短句为主、语言直白、生动有趣，最能激发儿童阅读的兴趣。

（1）抓关键字词感悟角色。例如，在《棉花姑娘》中，棉花姑娘

生病了,“她多么盼望有医生来给她治病啊!”从“多么盼望”一词中体会棉花姑娘在与可恶的蚜虫斗争中承受的痛苦,对医生到来的渴求心理。

(2) 抓住标点符号体会情感。例如,在读《雪孩子》时,我们要关注文中的“!”。当雪孩子看到小白兔家着火时,“不好了! 小白兔家着火了!”,连用两个感叹号,突显出了形势的紧急。当雪孩子冒火冲进屋里时,“小白兔,小白兔! 你在哪里?”,一个感叹号,一个问号,表现出了雪孩子内心的焦急。

(3) 抓住重点句子学习语言运用。例如,《雪孩子》的结尾处雪孩子为了救小白兔闯进火海,最终化成了水,它“飞呀,飞呀,飞上天空,变成了一朵白云,一朵美丽的白云”。故事的结局虽然让人觉得伤感,但是这一句读起来让人觉得欣慰,雪孩子没有远离,它依然在小白兔看得见的地方,守候着它的朋友。如果直接写“雪孩子变成了白云”,就达不到这样的效果了。

2. 展开合理想象,感受童话的幻想色彩

童话常常采用夸张、拟人、象征等手法编织曲折奇异的故事情节,营造浓厚的幻想氛围,阅读童话时,只有放飞想象的翅膀,才能真正进入童话故事的幻想世界,得到奇妙的体验。例如,《大象的耳朵》中大象听到小兔子、小羊说他的耳朵很奇怪之后,他会怎么想呢?“小鹿、小马,还有小老鼠,见到了大象,都要说他的耳朵”,小鹿、小马、小老鼠会怎么说呢? 通过这一系列的想象我们才能真正体会到大象心里的不安,才会理解大象为何要做出改变。

童话故事还常常通过幻想手段实现对现实生活的表现、审视和评价,我们在阅读童话时,还应该通过故事中的幻象观照现实生活。例如,《卖火柴的小女孩》中五次擦燃火柴的情节,每一次小女孩在火光中所见到的幻象,实则对应了她在现实生活中的需求。她第一次见到的是“温暖的火炉”,是因为这是一个寒冷的冬夜,她穿着单薄,还光着脚,实在是太冷了;第二次见到的是“喷香的烤鹅”,是因为她已经很饿很饿了,极度渴望得到食物;第三次见到的是“美丽的圣诞树”,是因为这本是一个欢乐的节日,可是她却得不到快乐;第四次见到的是“慈爱的奶奶”,是因为她渴望得到家人的疼爱,她没卖出一根火柴不敢回家,可见她渴望的爱她的父母也许未曾给予过她,疼爱她的只有已经逝去的奶奶;第五次见到的是奶奶带着她“飞走了”,是因为她渴望生活在光明和快乐之中,而这样的幸福在现实中是无法实现的,在幻象中才得以实现,最终小女孩也在这样美妙的幻觉中死去了。通过幻象与现实的连接,既感受到了童话的幻想色彩，又体会到了小女孩命运的悲惨。

请你梳理一下统编版小学语文教材中的科普童话。

3. 把握故事情节，理解童话的寓意

统编版教材中选入的童话故事常常在故事中蕴含了一定的道理或者普及了一些科学知识，阅读时，能够辨识区分说理童话和科普童话，能够帮助我们顺利地解读故事。

（1）活用插图。图片具有很强的直观表意功能，低年级童话课文往往配有丰富的插图，插图与故事情节对应关系清晰。如《小蜗牛》中的插图是第一次以连环画的方式出现，与以往插图的出现方式有一定的区别。小蜗牛三次去树林、三次不同的任务、三次不同的视野，都涵盖在插图中。仔细观察插图，不但能够把握故事情节，还能够发现一年四季的不同特点和小蜗牛爬得慢的特点。

（2）分析语言。童话故事中常常出现丰富的对话，通过分析角色之间的对话能够读懂故事。如《小壁虎借尾巴》中出现了四次对话，前三次是小壁虎向小鱼、黄牛和燕子借尾巴时的对话，通过三次对话我们知道了小鱼的尾巴是用来拨水的、黄牛的尾巴是用来赶蝇子的、燕子的尾巴是用来掌握方向的。通过小壁虎与妈妈的对话，我们能知道壁虎的尾巴有再生的功能。这篇童话故事就是典型的科普童话。

（3）抓住关键词句。童话故事中蕴含的道理往往会通过某个关键的词语或句子告诉读者。如《小马过河》中，当小马拿不定河水到底是深还是浅跑回家时，妈妈说：“孩子，光听别人说，自己不动脑筋，不去试试，是不行的。河水是深是浅，你去试一试就知道了。”这句话中的“试一试”就是理解这篇童话故事寓意的关键。

（4）尊重个性感受。童话所表现的道理从不同的角度解读，得出来的体会也许不尽相同，因此在解读时也要尊重个性感受。如《巨人的花园》结尾处年老时的巨人说：“我有许多美丽的花，可孩子们却是最美丽的花。”我们可以理解为“分享才能得到真正的快乐”“要尊重孩子，没有孩子的地方就没有春天”“人不能太自私，应该学会分享”等。

四、童话课例分析——《风娃娃》

（一）教材分析

扫码查看3-1
课文《风娃娃》

《风娃娃》是小学语文统编教材二年级上册第八单元的第三课，是学生接触的第二篇全文没有注音的课文。这是一篇童话故事，主要讲了风娃娃想为大家做好事，就到处用力吹，却给人们带来了不同后果，说明了“光有美好的愿景不行，还要看是不是对别人有用”的道理。

《风娃娃》这篇课文共有七个自然段。第一自然段写了风娃娃长大了，想像妈妈一样去帮助别人。妈妈鼓励他到田野去。第二、三自然段写了风娃娃来到田野帮助风车转动，来到河边帮助船工推动大船。第四自然段写了风娃娃的想法，它觉得帮助人们做好事，只要有力气就行。第五自然段写了风娃娃帮助孩子放风筝，但是风筝却被吹得无影无踪。第六自然段写了风娃娃吹跑了衣服、吹断了小树，人们都很生气。第七自然段写了风娃娃非常委屈，妈妈告诉他做事不能光有好的愿望，要看是不是真的对别人有用。

（二）抓语文要素，明确教学重点

《风娃娃》全文脉络清楚，结构相似，描写生动。把本文编入该单元，主要有两个意图：一是课文内容契合本单元的人文主题——让学生感受应该怎样与人相处；二是课文材料适合落实本单元的语文要素。

综合运用多种方法自主识字、自主阅读是语文要素之一。一年级已经编排了连环画课文，引导学生遇到不认识的字借助图画、结合字形特点、联系上下文和生活经验等方法猜字阅读。在此基础上，本单元安排了《纸船和风筝》《风娃娃》两篇全文不注音的课文，旨在引导学生把之前学习的方法以及本学期学习的部首查字法等综合运用到课文的学习中来。这样的安排也是为二年级下册课文不再全文注音的学习做铺垫。

语文要素二是相似的结构易于学生借助提示讲故事。《风娃娃》课后题中要求学生根据提示讲故事。梳理故事情节后，我们能够发现作者都是按照风娃娃来到哪里、看到了什么、做了什么、结果怎样的顺序来写的，因此我们在教学时可以以此为支架，引导学生复述故事。

（三）放飞想象，走进童话的幻想世界

本篇童话详细描写了风娃娃“转动风车”“吹动大船”“吹跑风筝”这三件事情，读起来趣味盎然。其实我们在风娃娃的身上能够看到儿童的影子，儿童是最天真善良的，总想要帮助别人做好事，但由于各种原因弄巧成拙。在解读这三件事情时，我们可以结合儿童的身心特点，想象风娃娃的各种表现，揣摩风娃娃的心情、想法，感受他的善良。

“吹跑衣服”“折断树枝”是略写的，后面还有一个省略号，实则就是故事的留白之处，我们可以继续想象风娃娃还可能帮了哪些倒忙，也可以把想象具体化，如在做这些事情的过程中风娃娃是怎么想的、怎么做的，结果怎么样。在想象的过程中慢慢明白做好事并不是件容易的事情，不是只要有力气就可以的，为理解童话的道理奠定基础。

（四）抓住关键句，理解童话背后的道理

这是一篇说理童话，通过写风娃娃想要帮助别人，反而却帮了很多倒忙的故事，告诉我们“做事情光有美好的愿望还不行，还要看是不是真的对别人有用”的道理。这个道理是通过风妈妈的话说出来的，如何理解风妈妈的这句话是读懂道理的关键。

先抓住“愿望”一词，联系上文了解风娃娃的愿望是“像妈妈一样去帮助人”，感受他的热心和善良；再抓住“有用”一词，思考风娃娃做的哪些事情是对人有用的，哪些事情是没用的？如果想要做对别人有用的事，风娃娃应该怎么做？在解决这些问题的过程中，自然而然就理解了风妈妈的话。

第二节 寓 言

一、寓言的文体知识

（一）寓言的定义

“寓”，寄托；“言”，讲道理。寓言就是通过一个生动有趣的小故事，告诉人们一个深刻道理的文学作品。寓言往往取材于古代神话、传说、民间故事或谚语，早在我国春秋战国时代就已经盛行，当时一些思想家把寓言当成辩论的手段。通过艺术加工，用鲜明生动的抽象的寓言代替议论进行激烈的争辩斗争。

寓言源于古代人民的口头创作，常常借助某种自然物（动物、植物、非生物）或人的活动现象，表达对某种人或社会现象的评价、赞扬、批评或讽刺。在先秦诸子百家的著作中，经常采用寓言阐明道理，因此保存了许多当时流行的优秀寓言。如《揠苗助长》《自相

矛盾》《郑人买履》《守株待兔》《刻舟求剑》《画蛇添足》等，其中《列子》《庄子》与《韩非子》收录最多。汉魏以后，在一些作家的创作中，也常常运用寓言讽刺现实。唐代柳宗元就利用寓言形式进行散文创作，他在《三戒》中，以麋、驴、鼠三种动物的故事，讽刺那些恃宠而骄、盲目自大、得意忘形之徒，寓意深刻。中国近代作家也用寓言形式创作，特别是儿童文学作品中更为多见。

综上，我们可以把寓言看作一种用比喻性的故事寄寓意味深长的道理，给人以启示的文学体裁，具有一定的讽刺或劝诫的性质。

(二) 寓言的分类

寓言的分类有多种。

从写作手法上分：一种是用夸大的手法，勾画出某类人的特点和思想，如《守株待兔》《揠苗助长》等；另一种是用拟人的手法，把人类以外的动植物或非生物人格化，使之具有人的思想感情或某种人的特点，如《坐井观天》《陶罐和铁罐》等。

从形式上分有诗体寓言和散文寓言两大类。诗体寓言是用诗歌形式写成的寓言，俄国文学家克雷洛夫创作的寓言大都是诗体寓言，如《池子与河流》。散文体寓言又分为议论寓言，如《愚公移山》《守株待兔》等；劝诫寓言，如《亡羊补牢》《刻舟求剑》等；讽刺寓言，如《郑人买履》《自相矛盾》等。

根据寓言中的“人物形象”不同，还可以将寓言分成三类。以动物作为故事主角的动物寓言，如《狼和山羊》《狐假虎威》等；以现实中的人作为故事主角的人物寓言，如《渔夫》《刻舟求剑》等；以人和动物相混，或者人神、物神相混作为故事主角的人与动物寓言，如《农夫与蛇》《叶公好龙》等。

(三) 寓言的文体特点

1. 精辟性

寓言的篇幅短小，语言精练。谭达先在《中国民间寓言研究》中指出：“寓言的篇幅一般比较短小，叙述和描写时，很少用烦冗松散之笔；语言非常准确、精炼、生动，在一篇故事中有的语言还具有特殊的幽默感、风趣性和寓意性。”它往往是从生活或自然中截取的一个精彩片段，一般没有深刻的背景交代，没有铺垫性的环境描写，没有复杂的人物关系（往往只安排一个或两个主要人物），因而层次简明，突显出精辟性。如《自相矛盾》《守株待兔》等。

2. 讽刺性和教育性

寓言多用借喻手法，使富有教育意义的主题或深刻的道理在简单的故事中体现，大多借此喻彼，借远喻近，借古喻今，借小喻大。俄国寓言作家陀罗雪维认为：寓言是“穿着外衣的真理”，这个“外衣”就是故事，“真理”就是蕴涵在故事中的道理和生活经验。为了让人明白一些生活经验和道理，寓言常借用生活中常见的情境和情节，用讲故事和谈话的风格娓娓道来，借助一些有着嘲讽意味但读来却不令人反感的故事，来引人自醒、劝人向善。通常这些故事浅显，道理深刻，可以直接达到教育人的目的。如《揠苗助长》《狐假虎威》等，就突显了寓言的讽刺性和教育性。

3. 虚构性

寓言中的人物与故事情节是虚构的，不是真实的。这首先与寓言的写作手法有关，不少寓言故事以动物为主角，采用拟人化的手法进行创作。还有些寓言故事以历史人物为主角，但其经历不能等同于历史真实，虚构故事情节只是为了更好地说理。

4. 深刻性

我国著名儿童文学家严文井说：“寓言是一个魔袋，袋子很小，却能从里面取出很多东西来，甚至能取出比袋子大得多的东西。寓言是一个怪物，当它朝你走过来的时候，分明是一个故事，生动活泼；而当它转身要走开的时候，却突然变成了一个哲理，严肃认真。寓言是一座奇特的桥梁，通过它可以从复杂走向简单，又可以从单纯走向丰富。在这座桥梁上来回走几遍，我们既能看到五光十色的生活现象，又能发现生活的内在意义。寓言是一把钥匙，这把钥匙可以打开心灵之门，启发智慧，让思想活跃。”寓言中，生动活泼的故事与深刻的道理和谐统一，把作者的思想寄寓在一个个故事里，让人从中领悟到深刻的道理。

二、统编版小学语文教材中寓言文本的编排特点

扫码查看3-2
寓言选文统计表

1. 选文的丰富性

统编版小学语文教材中寓言的出处主要有三类，分别是外国寓言、中国古代寓言以及现代作家创作或根据创作改写的寓言故事。现有的统编版教材中共有 16 篇寓言故事，比例为中国寓言 11 篇，外国寓言 5 篇。

在统编版教材的寓言选文中，中国古代寓言有 9 篇，分别选自古代的《庄子》(《坐井观天》)、《孟子》(《揠苗助长》)、《战国策》(《狐

假虎威》《亡羊补牢》)等，学生学习到的不仅是课文本身的知识内容，还能从中感受博大的民族人文内涵，增强民族认同感。除选自《韩非子》的《守株待兔》《自相矛盾》是文言寓言外，其他都是根据相关内容改写的白话寓言，贴近生活并适合当下的儿童阅读，体现了教材的生活味、儿童化。此外，教材还选编了现代寓言《我要的是葫芦》和《陶罐和铁罐》，现代作家创作寓言故事能较好地引导学生适应现代社会的发展和时代的需要。

统编版教材里西方寓言的选编在数量上相对较少，但选文来源没有局限在《伊索寓言》，而是选编了不同作家的作品，如克雷洛夫的《池子与河流》，这也符合文化多元化的理念。

2. 主题的多样性

统编版小学语文教材中有许多哲理性较强的寓言故事，有利于培养学生正确的世界观、人生观、价值观。其所阐述的道理有实事求是(《揠苗助长》)、注意事物之间的联系(《我要的是葫芦》)、辩证看待事物(《鹿角和鹿腿》)等。

统编版教材中的寓言还在做人、做事等方面给出建议，如遇到困难要动脑筋想办法(《乌鸦喝水》)、知错就改不算晚(《亡羊补牢》)等。

此外，还有讽刺社会现实寓言《坐井观天》《狐假虎威》《自相矛盾》，道德修养寓言《陶罐与铁罐》《池子与河流》等。

3. 课文编排的科学性

统编版小学语文教材低、中年段编排的寓言故事较多，低学段选编了 8 篇寓言，中学段选编了 7 篇寓言，高学段只在五年级安排了 1 篇。这是因为寓言故事一般篇幅短小，浅显易懂，非常适合低段、中段学生阅读和学习。

低学段的寓言故事形象以动物为主，篇幅短小，情节简单，形象生动，富有童趣，学生只需读一读，就能记住故事内容。

中学段的寓言故事，主要安排在三年级下册第二单元。本单元的人文主题是“寓言是生活的一面镜子”，语文要素是“读寓言故事，明白其中的道理”，安排了《守株待兔》《陶罐和铁罐》《鹿角和鹿腿》《池子与河流》等课文以及“阅读链接”——《南辕北辙》《北风和太阳》，“语文园地”版块推荐了寓言相关书籍。中学段文章寓意比低学段寓言更深刻，且容易归纳。其中，《守株待兔》采用了文言文的形式，故事简短、简单、简明，让学生初次接触就能喜欢文言文。

高学段的学生抽象思维能力不断增强，因此教材在寓言选文的数量上有所减少,但在寓意理解上增加了难度,符合学生思维发展的特点。寓言故事《自相矛盾》,不但采用了文言文的形式,而且比前面任何一篇都更具思辨性。

因此,统编版教材寓言的选编在学段数量安排和寓意理解上都符合学生的实际发展需要,并进行了科学编排。

三、寓言的解读方法与策略

1. 探究寓言出处背景

统编版教材中的中国寓言大都是中国古代寓言。中国古代寓言起源于民间,多为民间口头创作。它直接反映劳动人民的愿望、要求和理想,表达了劳动人民的思想、感情和意志。其来源可分为三种:一是民间流传的故事,具有通俗浅显、诙谐有趣的特点。如《揠苗助长》根据《孟子・公孙丑上》改写,它展现了一个急于求成而揠苗助长的可笑又滑稽的农夫形象。二是历史传说,这些传说虽未必句句可信,但有一定的历史依傍作为论证的证据,较有说服力。如《亡羊补牢》根据《战国策・楚策四》改写:战国时楚襄王荒淫无度,执迷不悟,将劝谏的大臣庄辛赶出楚国,秦国趁机征伐,很快占领楚都郢。楚襄王后悔不已,派人到赵国请回庄辛,庄辛说:"见兔而顾犬,未为晚也;亡羊则补牢,未为迟也。"鼓励楚襄王励精图治、重整旗鼓。三是作者创造、虚构的故事,此类作品多出自《庄子》,瑰丽奇异,最富有文学色彩。如《坐井观天》根据《庄子・秋水》改写,通过青蛙和小鸟生动有趣的对话,揭示一个深刻的道理:认识事物,看待问题,只有站得高才能看得全面。

统编版教材中的外国寓言主要选自《伊索寓言》和《克雷洛夫寓言》。《伊索寓言》原名为《埃索波斯故事集成》,主要来自古希腊民间,大多是动物故事,以动物为喻,教人处世和做人的道理。该寓言集通过描写动物之间的关系来表现当时的社会关系,主要是压迫者和被压迫者之间的不平等关系。寓言作者谴责当时社会上人压迫人的现象,号召受欺凌的人团结起来与恶人进行斗争。《克雷洛夫寓言》是俄国诗人伊万・安德烈耶维奇・克雷洛夫所著,书中的寓言均用诗体写成,克雷洛夫用睿智、幽默而又通俗的语言,配上精彩的故事情节和带韵的诗体,使得他的寓言突破了道德训诫的界限,成为讽刺文学的精品,从而受到文学界和公众热烈的欢迎,广为流传。

了解这些寓言的出处背景,有助于解读寓言故事。如《守株待兔》出自《韩非子・五蠹》,课文选文后面还有一句"今欲以先王之政，治当世之民，皆守株之类也”。这个寓言故事是韩非讲给韩王听，用来劝诫韩王的：现在居然想用过去的治国方略来治理当今的百姓，这都是在犯守株待兔一样的错误呀！这个故事包含着两种寓意，既讽刺了懒汉思想，也批判了经验主义。我们通常在解读时只关注到了一种意义，就是抱着侥幸心理，指望靠好运气过日子是不会有好结果的。实际上理解第二种意义更能够帮助学生理解农夫错误的根源在于把偶然发生的事情当成了必然，犯了经验主义错误，更能够让他们明白切不可把偶然的侥幸作为做事的根据，一分耕耘才有一分收获，更具教育意义。

2. 把握寓言故事内容

寓言故事所描绘的对象非常广泛，不仅有花草树木、飞禽走兽、日月星辰，还有人类。一则寓言故事从结构上来看，基本上都可以分为两部分，一部分是故事，另外一部分是教训。我们首先要把寓言等当作一个故事来读，要搞清楚寓言叙述的是一件什么样的事情，这件事情的起因、经过和结果是什么样的，在故事中都出现了哪些人物，还要分清楚主要的人物是谁，这些人物在故事中都扮演了哪些角色，把握了故事的内容，理解故事的寓意就水到渠成了。

首先可以通过梳理故事的起因、经过、结果把握寓言的故事情节。如《揠苗助长》，故事的起因是“一个宋人担心自己的禾苗长不高”，经过是“宋人就将这些禾苗一棵棵地拔起来，劳碌了一天，回到家高兴地告诉自己的儿子，他让禾苗一下子长高了”，结果是“禾苗全部死亡”。通过梳理情节，寓意就显而易见了：不顾事物的发展规律，急于求成，反而会把事情办砸。

其次，还可以通过复述寓言故事情节把握寓言故事内容。“复述课文”其实是通过梳理课文脉络，最终对寓言有一个整体印象。例如《陶罐和铁罐》一课，可以通过抓住表现陶罐与铁罐这两个形象的关键词“骄傲”“谦虚”，根据故事的时间线分成两个部分复述故事情节：骄傲的铁罐自恃坚硬，奚落陶罐，谦虚的陶罐争辩几句后，不再理会铁罐；被埋在地下多年后，谦虚的陶罐依旧完好如初，骄傲的铁罐却连影子也见不到了。通过复述故事，明显感受到两部分内容形成鲜明的对比，寓意也就明确了：每个人都有长处和短处，要正确地看待人和事物。

3. 揭示寓言内涵意义

寓言的内涵意义即寓意，它是寓言的精髓。阅读寓言必须通过对故事由浅入深的分析，从表面到内在地把握住寓言故事的真实含义，进而揭示寓意、领悟寓意。寓言的寓意有的是在作品中直接说出来，有的则隐含在文字背后，让读者通过思索找出来。

有的将寓意寄托于寓言故事中塑造的人物形象身上。如《揠苗助长》就为我们塑造了一个违反事物发展规律、急于求成的农夫形象。解读时，在头脑中建立这样一个农夫形象，就能自然得出寓言的寓意。

有的往往会在开头写几句暗示寓意的语句，再在结尾处加上一段简要的议论，让读者能够准确地把握故事的重点。找出关键语句，抓住言语精辟、思想集中体现的关键段朗读体会，就能明了寓意。如《南辕北辙》一文最后一段话是作者的议论，直接点出了寓意，反复读这段话，抓住"越……越……"这个句式，就能认识到如果方向错了，条件越好反而错得越厉害的道理。

还有的把寓言里的人物或事件与现实中的人与事加以比较，做出评价，得出懂得了什么道理或汲取什么教训的结论。如《自相矛盾》，在把握故事内容后，联系生活中类似自相矛盾的事例思考如何避免自相矛盾的事发生，这样就能很快明白这则寓言的寓意了，同时还可以加深认识，起到警示作用。

4. 弄懂寓言生活哲理

寓言是现实生活的折射和反映，寓言所写的事情，无非是社会上各种现象的曲折反映。理解寓言不仅要求我们要懂得寓言的寓意，还要与生活实践紧密结合，根据寓言联系生活实际去深入体会其教育意义，思考它对我们现实生活有哪些启示或帮助。

例如二年级上册《坐井观天》，只是了解和掌握青蛙的见识短浅这一寓意是远远不够的，还需要借助这则寓言故事联系生活实际，折射出人生的大道理，明白生活中不可以安于现状，也不能故步自封，要敢于想象、敢于实践，如此才可以获取真知，从而树立正确的价值观。二年级下册《亡羊补牢》，读完故事后，我们还应该联系实际思考生活中有没有犯过和养羊人一样的错误？如果你是养羊人你会怎么做？通过这样的思考把寓言故事和生活实际有机结合起来，既能够加深对寓意的理解，也能够避免在生活中犯类似的错误。

扫码查看3-3
课文《坐井观天》

四、寓言课例分析——《坐井观天》

（一）教材分析

《坐井观天》是统编版小学语文教材二年级上册第五单元第十二课，是一则寓言故事，根据《庄子·秋水》中的相关内容改写而成。课文主要以对话的形式讲述了一个有趣且寓意深刻的故事：小鸟飞到井边喝水，与青蛙发生了争论。青蛙整天坐在井底，认为天只有井口那么大，小鸟却说天空无边无际。青蛙不相信，小鸟很无奈，只能请青蛙自己跳出来看一看。寓言通过简短而传神的对话，揭示了一个道理：认识事物，看待问题，只有站得高才能看得全面。

从这则寓言故事中还衍生出了两个成语："坐井观天"用来形容眼界狭窄、所见有限；"井底之蛙"则比喻那些见识狭窄、目光短浅，而又盲目自大的人。

（二）故事情节分析

课文有7个自然段。第一自然段交代青蛙和小鸟所处的位置，为故事的展开做了铺垫。第二至七自然段运用了3轮对话来展现故事的内容。第一轮对话交代了小鸟从哪里来，来干什么。小鸟说"飞了一百多里"，使得青蛙对小鸟的说法产生了质疑。第二轮对话是青蛙和小鸟发生了争论。青蛙的一叹一问，小鸟的反驳，都鲜明并且情感强烈地表达了各自的观点。第三轮对话中，青蛙还是坚持自己的观点，认为天只有井口那么大。小鸟十分无奈，只好让青蛙自己跳出井来看看天到底有多大。

（三）寓意揭示

依据寓言的体裁特点，在把握故事情节的基础之上，理解故事的寓意。本文可以着重通过以下几方面的分析来揭示寓意。

1. 揣摩人物说话的语气

这篇寓言故事主要以对话形式展开叙述，分析时可以抓住3次对话充分感受青蛙和小鸟对话时的语气和想法，从而理解寓意。如第二次对话时，青蛙说："朋友，别说大话了！"这是一个语气强烈的感叹句，说明青蛙在说这句话时完全不相信小鸟是从一百多里的地方飞来的，读好这个感叹句，就能从中品悟出青蛙的自以为是。"天不过井口那么大，还用飞那么远吗？"这是一个反问句，在表达上语气较陈述句而言更为强烈，说明青蛙坚定地认为天只有井口那么大，青蛙为什么如此坚定呢？就是因为它不但见识短浅，还自以为是。小鸟回答时，也用了一个感叹句“天无边无际，大得很哪！”这句话也表现了小鸟肯定的态度，为什么小鸟如此肯定呢？这是因为它曾经飞过高山、飞过大海，亲眼见到过无边无际的天空。读好这组对话的语气，我们可以从中品悟出青蛙和小鸟正是因为所处的位置不同，所以对天空的认识不同，也就为我们理解故事的寓意奠定了基础。

2. 体会人物的想法

一是关注青蛙说的话“我天天坐在井里，一抬头就能看见天。我不会弄错的”。青蛙为什么会有这样的认识？结合这句话中的关键词“天天”“一抬头”，我们可以了解到：高高的井壁挡住了青蛙的视线，所以它目光狭小、所见有限。

二是关注青蛙的神态和表情。一个“笑”字引出了青蛙很自大，一点儿也听不进小鸟的话，还自以为正确的实际。青蛙为何发笑？这时候它会想什么？通过思考这两个问题，我们可以领悟：不听劝告、自以为正确是导致青蛙出错的重要原因，从而明白故事的寓意。

3. 借助教材中的插图

教材中有两幅插图，设计很巧妙，既写实，又写意。小鸟站在井沿上低着头，小青蛙在井底仰着头，一高一低，好像正在进行对话，仔细观察，我们发现插图似乎就在暗示我们小鸟和青蛙分歧的原因在于它们所处的位置不同、眼界不同，所以看法也不同。

第三节　神　话

一、神话的文体知识

（一）神话的定义

“神话”一词源自古希腊语，是“关于神祇与英雄的传说和故事”。对于神话的定义，众说纷纭，至今没有一个大家公认的标准定义。目前，关于神话的定义可归纳为两种：狭义神话观和广义神话观。两者争论的焦点在于神话的产生究竟有没有时间的界限。

广义神话观，首推我国著名神话学家袁珂先生所认为的："神话是非科学但却联系着科学的幻想的虚构，本身具有多学科的性质，它通过幻想的三棱镜反映现实并对现实采取革命的态度。"

狭义神话观则是我们平时常说的"神话"，其中具有代表性的说法如下：

其一，来自马克思的阐述："任何神话都是用想象和借助想象以征服自然力，支配自然力，把自然力加以形象化；因而，随着这些自然力的实际被支配，神话也就消失了。"

其二，英国人类学家爱德华·泰勒的"想象说"：神话是原始人类为了解释某种自然现象和社会习俗创造出来的一种故事。

其三，美国民俗学家布鲁范德的"真实说"：神话是一种传统的叙事散文，在遥远的过去真实存在。

其四，著名作家茅盾先生所言："神话是各民族在上古时代的生活和思想的产物。"原始人类在面对日月星辰、江河湖海、花草树木、水旱灾害、生老病死等自然现象，惊奇而迷惑，他们迫切渴望认识自然、征服自然、控制自然，于是，通过推理、假设和想象对各种自然现象做出"合理"解释，这就产生了神话。

其五，来自《现代汉语词典》对"神话"的解释：关于神仙或神化的古代英雄故事，是古人对自然现象和社会生活一种天真的解释和美丽的向往。

（二）神话的分类

神话按体系可分五类：古希腊神话、古印度神话、古埃及神话、古中国神话、北欧神话。

1. 古希腊神话

古希腊神话大约产生于公元前 8 世纪以前，首先为希腊原始初民口头相传，后来《荷马史诗》《神谱》及古希腊的诗歌、戏剧、历史、哲学等著作中将其记录下来，并进行整理，分为神的故事和英雄传说两部分。希腊神话中的神与人同形同性，有七情六欲，懂得喜怒哀乐，唯一区别在于神生命永恒，永远不会死亡；人生命有限，最终会走向死亡。

2. 古印度神话

印度神话的形成与其本身的历史关系十分密切。大约公元前 3000 年，印度河流域出现文明，公元前 2000 年左右，一支南迁的雅利安人入侵印度，经过无数次战争后，他们的势力从印度河流域进入恒河流域，并大肆奴役当地的土著人，至此，印度河流域的土著文明遭到破坏以及改变。随着这段历史便出现了早期“达罗毗荼人神话”、雅利安《吠陀经》、史诗时代《罗摩衍那》《摩诃婆罗多》、印度教三大神。

3. 古埃及神话

古埃及神话同时也是古埃及宗教，是基督教和伊斯兰教传播以前，古代埃及人所信仰的神体系与宗教。古代埃及人 3000 年历史，历经多次巨变，埃及神话与希腊或罗马神话最大的区别是埃及神话中大部分的神明都是人身动物头，像我们所熟悉的狮身人面像，它便是按古埃及神话中象征仁慈高贵长有翅膀的斯芬克斯的形象建造的。最为人们熟知的有《奥西里斯和伊西斯的传说》。

4. 中国古代神话

中国古代神话是我国上古时期传统文化的产物，反映了早期华夏儿女淳朴的思想以及古代人们对自然现象及社会生活的原始幻想，并通过超自然的形象和幻想的形式来表现的故事和传说，是通过人民的幻想用一种不自觉的艺术方式加工的自然和社会形式本身。神话以神仙为主人公，又以妖魔鬼怪、佛与菩萨等角色著称，它们包括各种自然神和神化了的英雄人物。如《盘古开天地》《女娲补天》等。

5. 北欧神话

北欧神话是斯堪的纳维亚地区所特有的一个神话体系，形成时间晚于世界上其他几大神话体系，北欧神话的口头传播历史可追溯到公元 1—2 世纪。北欧神话着力描述世界的毁灭，神话中的神是会老死的，也是不完美的。中世纪时，基督教在整个欧洲盛行，由于在政治上强力打击，大部分记载北欧神话的作品被认为是异端邪说而被付之一炬，至今保留的较为完整的有冰岛史诗《埃达》以及日耳曼史诗《尼伯龙根之歌》等。

神话按主题可分为三类：创世神话、自然神话和英雄神话。

1. 创世神话

创世神话也称为开辟神话，是指关于天地开辟、人类和万物起源的神话，是人类幼年时期用幻想形式对自然、宇宙所做的幼稚的解释和描述，反映出古代人对天地宇宙和人类由来的原始观念。可以粗分为世界起源神话、人类起源神话、文化起源神话。像北欧创世神话中母牛舔舐冰山创造天神、埃及创世神话中太阳神一声咳嗽诞生男女、古希腊创世神话中大蛇与女神结合诞下宇宙卵、古印度创世神话中金黄色的蛋生出宇宙之主梵天、中国创世神话中盘古开天地都是对世界起源的记载。

2. **自然神话**

自然神话是对自然界各种现象的解释。像《女娲补天》《仙山的传说》《精卫填海》《大熊星和小熊星》等神话故事对日月星辰、山川草木、风雨雷电、虫鱼鸟兽等自然现象产生的原因，做出了美丽的解释。再以太阳为例，在各大神话体系中太阳均以太阳神的形象出现，在中国神话中太阳神是三足金乌、帝俊、羲和、炎帝，在北欧神话中太阳神是苏尔，在古印度神话中太阳神是苏利耶，在古希腊神话中太阳神是赫利俄斯。

3. **英雄神话**

英雄神话数量较多，表达了人类反抗自然的愿望，也是人类某种劳动经验的概括总结。原始人类已经不再对自然界产生极端的恐惧心理，有了一定的信心，开始把本部落里具有发明创造的才能或做出重要贡献的人物，加以夸大想象，塑造出具有超人力量的英雄形象。像中国神话中治水的大禹、射日的后羿是征服自然的英雄，黄帝战蚩尤、共工怒触不周山是关于社会斗争、部落之战的描述。

（三）神话的文体特点

神话，人类的精神源泉。虽然人们对神话的界定各不相同，但细加梳理，我们大致可以提炼出以下几点鲜明的神话文体特征。

1. **故事幻化，内容超验**

神话故事的内容往往超出我们的经验界限，在我们常识性的生活经验之上，具有一种超验的特性。这种超验的特性具体表现为：一是时间跨度大，常用“很久很久以前”这样的表意比较模糊而又让人产生悠远感的时间词，或者是像《盘古开天地》中“一万八千年”这样的时间跨度特别大的时间词；二是时间速度快，如《盘古开天地》中“几千万年过去了”一句，巨大的时间量只七个字就“过去”了，速度极快；三是空间虚幻，不能依据现实的地理加以考证，如《夸父追日》中的“虞渊”“瀚海”等。

“幻化”是神话故事内容中最具“超验性”的。夸父的手杖变为枝叶繁茂、果实累累的桃林，盘古的身躯化生为天地万物，女娲端盆一泼，天的窟窿就补上了……读者或听者脑海中感受的是一幕幕神奇、玄妙的场景。神话之所以深具吸引力，正如余秋雨先生所说的，神话“不在乎时间和空间的具体限定，又许诺了夸张和想象的充分自由”。

根据神话故事内容的不同，《中国文学大辞典》把神话分为创世神话、日月星辰神话、动植物起源神话、洪水神话、图腾神话共五种类型，而目前选入小学统编版语文教材中的神话基本以前两种为主。①

2. **人物超凡，形象崇高**

神话中的人物，大多是被神化了的，是根据当时的生产状况和对自然现象的理解想象出来的，是原始人类认识和愿望的理想化。统编教材神话文本中的主人公大多是正义凛然的英雄，极具英雄的崇高品质与美德，他们有超凡的神勇力量、神异的能力本领与超拔的精神境界。他们在面对挫折与厄运、苦难与灾害时表现出了不屈、抗争、抉择、担当，等等，他们力量“超凡”，彰显“神性”，儿童在阅读神话时，内心会敬仰钦佩，心中会留存下神勇伟大的形象，会让他们产生向往神异能力、崇拜超凡力量的心理。

神话中对人物浓墨重彩、具体生动的刻画，为学生学习表现人物、表达情感，提供最佳范例。阅读神话文本，我们不难发现，无论是具有阳刚之气的普罗米修斯、盘古，还是心思细密、善良可亲的女娲、嫦娥，或者是不畏艰难、坚持不懈的精卫，他们都具有英雄的品质与美德。神话英雄们往往被置于苦难的困境中，如精卫日日夜夜往复飞翔于西山与大海衔石木填平大海之苦累；普罗米修斯为人类盗火被锁在高加索山上而遭遇了每日鹫鹰啄肝之痛等。虽然神话中出现“苦难”，但其用意却并不在“苦难”上，而在于苦难中英雄的选择、作为与担当。正是在面对“苦难”这种极端境遇中，英雄所表现出来的不屈服、敢于抗争、勇于承担等美德，才极具力量地彰显了“神性”的高贵，让阅读或聆听神话故事的人在内心深处产生一种敬仰、钦佩之情，从而完成神话人物形象的塑造。

3. **幻想奇异，情节曲折**

神话中充满神奇的幻想，对洪荒之初、宇宙之始、人类及万物诞生等的超凡想象，都有一层奇异的色彩，深深吸引着天真的儿童。但是，超越这些限定、享有这些自由的，极有可能是人类的信念、理想和祈愿……神话中这些极富创造力的想象，让阅读神话的

① 梁昌辉. 课程价值观照下的小学神话教学探索[J]. 中小学教材教学，2016(1).

儿童认知世界的目光里多了一道温暖而神奇的光芒。如古希腊神话中的大地之神盖亚可以掌控并且使用大地之力，只要大地还在，她的神力就绵延不绝；奥林匹斯山众神之王宙斯掌控雷霆之力，每次大战可以凝聚雷霆为己所用。北欧神话中由奥丁率领的阿萨神族，他们有一把叫作“胜利之剑”的神剑，这把剑的威力和效果十分霸道，不管何时何地，只要开战，持有这把剑的阵营将会必胜。中国神话中有一条叫作烛九阴的神龙，它睁开眼睛就是白天，闭上眼睛就是晚上，呼吸一口气就是四季交换。

4. 主题壮美，蕴含教义

在与自然的抗争、与灾难的斗争这样宏阔的背景与舞台之中，神话中的主人公上演着开辟天地、创生万物、拯救人类的大篇章……展现天地诞生的震撼、万物初始的奇妙、抗击灾难的无畏，这是崇高神圣、壮怀激烈的主旨表达。神话歌颂神圣伟大的开创精神、甘心为民的奉献精神、不屈不挠的斗争精神、自我牺牲的英雄精神等，特别是神话英雄们面对灾难挺身而出，宁可选择牺牲也绝不屈服的英雄壮举，强烈地震撼着儿童的心灵。如《普罗米修斯》中，对宙斯惩罚普罗米修斯时的描写，那是一种超越常人的、永远没有尽头的痛苦。普罗米修斯“受难”被写得如此惨烈，读者正是在神话惨烈的描述中、在痛彻心扉的审美体验中，经受灵魂的洗礼，领悟到普罗米修斯对人类深切的关怀之心与伟大的博爱情怀，经由这伟大的神性产生“迨神话演进，则为中枢者渐近于人性”的自觉不自觉的自我观照。

二、统编版小学语文教材中神话的编排特点

《义务教育语文课程标准(2022年版)》中提出：“义务教育语文课程要立足核心素养，坚持以文化人育人导向，让学生在积极的语文实践活动中积累，在构建的真实语言运用情境中表现，在文化自信和语言运用、思维能力、审美创造中体现。”

神话是世界文化宝库中的瑰宝，中国神话更是中华文化宝藏中的明珠。虽然在当下信奉科技至上的时代，科技已然成了新的神话，看似神话早已失去了吸引力，其实它所创设的奇异世界有想象的极致，所编织的魅力世界有与众不同的美，神话中无穷的精神力量更是创作的灵泉，以文化人、用语育人。

统编版小学语文教材共编排了五篇神话，两篇简单的阅读链接，多为英雄神话。五篇神话中四篇为中国神话(三篇白话文、一篇文言文)，一篇为希腊神话。第一篇神话《羿射九日》编排在二年

级下册，另外四篇神话则编排在四年级上册第四单元——《盘古开天地》《精卫填海》《普罗米修斯》《女娲补天》，它们组成了神话文体单元。

表 3-2 统编版小学语文教材中神话故事选文统计表

册目	课文	国别	课文类型
二年级下册	《羿射九日》	中国	精读
四年级上册	《盘古开天地》	中国	精读
	《精卫填海》	中国	精读(文言文)
	《普罗米修斯》	希腊	精读
	《女娲补天》	中国	略读

1. 选文类型丰富多样

统编版教材中的五篇神话中有四篇精读课文、一篇略读课文；既有中国古代神话，也有古希腊神话，学生可以从中感受不同地区和民族神话的特点。同时，《精卫填海》属于文言类神话，其他四篇均属故事类神话，体现了选文类型的多样化，可以帮助学生在阅读不同风格的神话故事中养成语文素养。

2. 语文要素“前后勾连”

四年级上册神话文体单元的语文要素之一是“了解故事的起因、经过、结果，学习把握文章的主要内容”，这一能力的培养其实从二年级起便已开始。从二年级上册的“借助词句，了解课文内容”，到六年级下册的“了解梗概，把握名著的主要内容”，这一要素被分解成不同的训练点分散在各册教材之中。本单元的语文要素既是在二、三年级能力基础上的提升，又为后续能力的达成做准备，处于承上启下的过渡阶段。

神话文体单元的第二个语文要素是“感受神话中神奇的想象和鲜明的人物形象”，这是神话文体的鲜明特征。此前，学生已经学过《羿射九日》，对神话故事有了一些感性的认识。本单元教学应紧扣神话的文体特征，引领学生通过多种形式感受神话、走进神话，形成对神话文体的初步认识。

3. 单元整合文体意识凸显

《义务教育语文课程标准(2022 年版)》中提出：“义务教育语文教学应体现语文学习任务群特点，整体规划学习内容，还应创设真实、符合核心素养整体提升和螺旋发展规律的学习环境，凸显语文学习的实践性。”

四年级上册神话文体单元除课文外，各板块内容均与神话关系密切：习作话题是“我和(　　)过一天”，要求学生选择神话或童话中的一位人物，想象与他过一天的情形。习作话题与课文衔接紧密，便于学生调动神话阅读积累，发挥想象力和感知力。语文园地中的“交流平台”总结梳理神话的特点；“词句段运用”让学生联结神话作品及人物，通过朗读交流，再次感受神话特点；“日积月累”中让学生在积累古诗的同时感受嫦娥这一神话人物；“快乐读书吧”向学生推荐神话故事，引导学生进入更广阔的神话阅读世界。整个单元按照“习得方法—迁移运用—尝试创编—总结梳理—拓展延伸”的顺序，层层增进学生对神话这种文学体裁的了解。

三、神话的解读方法与策略

1. 聚焦神奇，感受想象魅力

神话是神奇的，它包括神奇的情节、神奇的人物、神奇的变化、神奇的力量、神奇的器具、神奇的数字，还有阅读后带来的神奇感觉，阅读神话的第一印象、解读神话的第一要务必须是感受神奇色彩。例如《盘古开天地》一文中，盘古在混沌的世界中产生，天生神力，开天辟地，“清而浊的东西，缓缓上升，变成了天；重而浊的东西，慢慢下降，变成了地”，是那么神奇；盘古站立于天地之间，与天地同长，“天每天升高一丈，地每天加厚一丈，盘古的身体也跟着长高”，是那么神奇；盘古倒下后身体化为风云雷雨、日月山川、花草树木，更是神奇万分。在读到这些语句时，我们脑海中都能够想象到一幅幅神奇的画面，在丰富的想象中自然而然地感受神话神奇的色彩，体验神话故事的瑰丽和豪迈。

2. 聚焦人物，体会神勇形象

神话故事中英雄人物形象鲜明，具有为人类造福、甘愿牺牲、顽强不屈、勇敢无畏、善良正直、舍己为人、惩恶扬善的高贵品质。统编版教材中的五篇神话故事就为我们塑造了五位英雄：“刚毅有力、英勇无畏”的后羿，“神圣伟岸、开创魄力”的盘古，“坚忍执着、毫不畏惧”的精卫，“为民造福、勇于献身”的普罗米修斯，“勇敢顽强、甘于奉献”的女娲。

解读文本时要抓住人物形象的言行举止，按照“感知形象—体会形象—内化形象”的思路，抓住文章中“最触动自己的句子(情节)”，深入体会神话故事中塑造的英雄形象。例如《普罗米修斯》

中有一处语言描写——普罗米修斯摇摇头，坚定地说：“为人类造福，有什么错？我可以忍受各种痛苦，但决不会承认错误，更不会归还火种！”普罗米修斯说的两句话中一句是反问句，一句是感叹句，表现出他语气之强烈，决心之坚定，就更体现出他为人类造福的奉献精神和不屈服于权威的抗争精神，为读者塑造了一个神勇的英雄形象。《羿射九日》中后羿射日时的一连串动词运用得十分传神，“翻、跨、登、搭、拉”等动词，写出了羿射九日的过程，表现了后羿勇敢神武的英雄形象。

3. 聚焦精神，领悟神话精义

神话具有道德教化的作用，或阐述一个深刻的道理，或传递某种动人的情感，抑或歌颂某种精神。正如朱大可教授所说：“神话中所包含的信仰、伦理、宇宙模式、想象力和叙事方式，都是那个时代最伟大的精神结晶，更是民族文化精神的核心。”因此，解读文本时要抓住关键语句，关注人物的细节描写，感受、领会英雄的品质、美德、精神，感受神话人物强大的精神感召力，为儿童打下精神成长的底色。

神话故事中反映特性的部分称为“神魂”，以《女娲补天》为例，在把握神话故事情节的基础之上，通过分析人物形象，寻找故事背后蕴含的“神魂”。一步步梳理故事的起因—经过—结果，逐渐深入故事内核，清晰地感受这篇神话故事的“神魂”——女娲勇敢顽强、智慧能干、甘于奉献的精神，实则就是我们的民族精神！这种精神必将融入我们的民族血脉之中，中华民族是一个坚韧顽强、不畏艰险、勇于奉献、智慧能干的优秀民族，中华民族精神永远值得后代子孙学习继承、发扬光大，这就是文化自信，这便是以文化人。

4. 聚焦语言，习得独特表达

神话故事的语言准确凝练，而且特别生动形象。解读文本时，我们可以抓住关键词语、特别的句式、含义深刻的句子，反复咀嚼，品味语言，领略神话的言语智慧，习得神话言语表达方式。此外，神话的语言较简洁，留给读者大量想象的空间，抓住留白，才能遨游美妙的神话世界。如课文《盘古开天地》节选：

盘古倒下以后，他的身体发生了巨大的变化。他呼出的气息变成了四季的风和飘动的云；他发出的声音化作了隆隆的雷声；他的左眼变成了太阳，照耀大地，他的右眼变成了月亮，给夜晚带来光明；他的四肢和躯干变成了大地的四极和五方的名山；他的血液变成了奔流不息的江河；他的汗毛变成了茂盛的花草树木；他的汗水变成了滋润万物的雨露……

这一段文字对盘古死后身体化为万物的描写充满了神奇色彩，这些生动的句子极其传神地描绘了盘古悲壮的行为和万物初始的神奇场面。并且在表达上采用了对称和反复的句式，连续写了七个分句，用七个“变成了”和一个“化作了”写出盘古化为“风、云、太阳、月亮、江河、雨露”给人带来的美好感受，语句读起来富有节奏感和韵律感。语段最后的省略号让人浮想联翩，抓住这处“留白”，展开想象——“盘古的身体还可能发生哪些变化?”我们可以抓住盘古的身体部位和世间万物，运用“他的……变成了……”句式进行合理充分的联想：他的牙齿变成洁白的美玉，他的鼻孔变成幽深的隧道，他的鼻子变成陡峭的悬崖……从神奇的想象中，感受神话的巨大魅力，并学习多样化的语言表达方式。

四、神话课例分析——《盘古开天地》

扫码查看3-4
课文《盘古开天地》

（一）教材分析

《盘古开天地》是统编小学语文四年级上册的一篇神话故事，是中国古代神话中的创世神话，主要讲述了一个名盘古的巨人用斧头开天辟地，头顶着天脚踩着地，最后化作万物，创造了美丽宇宙的神奇故事。

（二）把握文脉，梳理故事情节

本单元是一个神话单元，“了解故事的起因、经过、结果，学习把握文章的主要内容”是本单元的语文要素之一。依据单元语文要素，我们可以按照起因—经过—结果三个部分来梳理文章，把握神话故事的情节内容。本文按照事情发展的顺序记叙，脉络清晰，全文6个自然段分为三个部分：第1自然段写“天和地还没有分开，宇宙混沌一片”，交代了盘古开天地的起因；第2至第5自然段写盘古开天辟地、创造万物的经过，这部分又可以分为三个环节，即开天辟地—顶天立地—身化万物；第6自然段讲伟大的盘古用他的整个身体创造了美丽的世界，这是故事的结果。整篇课文处处充满着神奇的想象，用生动准确的语言塑造了盘古雄伟、高大的形象，赞美了他勇于献身的精神。

（三）感受神奇，分析人物形象

神话是一个民族的文化源头。几千年的历史长河中，中国古代神话像一个智慧的老者，讲述着古人对世界的认识，向世人传递真、善、美，使人们在神奇瑰丽的想象中跨越时间和空间，获得亲近感和代入感，从个性鲜明的神话人物尝试改造世界的故事中受到精神力量的感染。

《盘古开天地》一文中许多描写都体现了神话故事想象的奇特，抓住具体的句子进行品读，边读边想象画面，才能真正走进神话的神奇世界。而且课文中的插图以连环画的形式描绘了盘古“混沌中沉睡”“开天辟地”“顶天立地”“化身万物”的过程，解读文本时可以把图文结合起来，在想象、品读中感受神奇。

1. 混沌中沉睡

文章以“很久很久以前”开篇，一下子把我们带入遥远而神秘的场景，同时这种不确切的时间也暗示着神话故事的虚构性。“天和地还没有分开，宇宙混沌一片，像一个大鸡蛋”，通过仔细观察插图，对比现实中天地的清朗、辽阔，想象天和地还没有分开的宇宙会是什么样的，感受时空的神奇。而就在这样混沌的天地之中，一位叫盘古的巨人沉睡了一万八千年，一觉能睡上一万八千年，多么离奇。文章开篇就已经让我们从字里行间感受到了神话故事不同寻常的神奇色彩。

2. 开天辟地

当盘古从沉睡中醒来，发现“周围黑乎乎一片”，从裂缝中看到微光，然后“就拿起斧头，对着眼前的黑暗劈过去，只听见一声巨响，‘大鸡蛋’碎了”。盘古借助一把斧头一劈就将这混沌世界一分为二，一个“劈”字，一声“巨响”，足见其力量之大，令人惊叹。盘古沉睡了如此之久，为何看到一丝微光就拿起斧头奋力去劈？是因为他向往光明。读到这里我们感受到了盘古勇于开拓的精神。

“轻而清的东西，缓缓上升，变成了天；重而浊的东西，慢慢下降，变成了地。”对称的句式把读者带入想象的空间，“轻而清”“重而浊”等一组组反义词让画面变得更加鲜明、形象；“缓缓上升”“慢慢下降”又令画面富有动感，展现了天地形成的变化过程。我们可以联系生活展开想象：“轻而清的东西”像鸡蛋里的蛋清，像浮起的轻烟，像涌出的薄雾，像美丽的云彩，缓缓地上升；“重而浊的东西”像鸡蛋里的蛋黄，像粗糙的沙石，像厚重的土块，慢慢地下降。这样，一边读，一边想象画面，仿佛和盘古一起经历了天地分开的神奇过程，见证了这神奇的一幕。

3. 顶天立地

为了不让分开的天地重新合拢，盘古“头顶天，脚踏地，站立在天地当中”，更神奇的是他的身体随着天地的变化而变化，“天每天升高一丈，地每天加厚一丈，盘古的身体也跟着长高”。而盘古这个巍峨的巨人就像一根柱子，撑在天地之间一万八千年，联系图片想象盘古站立在天地之间的样子，其伟岸高大的形象也同样树立在每一位读者的心中。

4. 化身万物

故事中盘古身化万物的情景描述最为神奇。文中连用七个“他的……变成了……”，通过连续相同的句式描写、虚中有实的相似联想，造成一种和谐悦耳的音韵美感，一扫盘古倒下的悲痛，营造出万物新生的奇妙与喜悦。从此，风雷是盘古，日月是盘古，山水是盘古，盘古永远与我们同在，多么神奇，多么欣喜！文末的一串省略号更留给我们无限想象和创造的空间，结合插图，展开想象，对文本省略的内容进行补白，在更丰富的语境中感受神奇，也进一步感受盘古无私奉献的精神。

边读边想象，边读边品味，不但可以把握阳刚、伟岸、神圣的，拥有伟大的开创精神和彻底的牺牲精神的巨人盘古形象，而且能掌握神话这种文学体裁的特点，透过神话感受中国传统文化的魅力。

第四节 民间故事类文本

一、民间故事的文体知识

（一）民间故事的定义

民间故事是从远古时代起就在人们口头流传的一种以奇异的语言和象征的形式讲述人与人之间的种种关系，题材广泛而又充满幻想的叙事体故事。民间故事是民间文学中的重要组成部分。从广义上讲，民间故事就是劳动人民创作并传播的、具有虚构内容的散文形式的口头文学作品，是所有民间散文作品的统称，有的地方又叫“瞎话”“古话”“古经”等。民间故事从生活本身出发，但并不局限于实际情况以及人们认为真实的和合理的范围之内。它们往往包含着自然的、异想天开的成分，往往富有幻想色彩。语言生动、幽默,具有一定的教育意义。

民间故事与广大社会底层民众的审美趣味相契合,故而在文化尚为蛮荒的远古时代,一经产生便深得民众的广泛认同,并渐次成为民间叙事文体中最广泛的一种。随着时代的发展、网络的普及,尤其是人们生活节奏的加快,民间故事早已淡出了成人的文化视野,尚在传播的仅为幼儿读物、小学语文教材,以及那些旨在挖掘、传承民间文学遗产的出版物。

(二)民间故事的分类

民间故事是民间文学散文体中较为重要的体裁类型之一。广义民间故事包括民间散文体的所有形态,而狭义民间故事则指虚构性较强的散文体叙事作品,是指神话、传说以外的散文叙事作品。民间故事大致包括以下几类。

1. 幻想故事

幻想故事又称"魔法故事""变形故事",是指用"超人间"的形式来表现人间生活的具有很强的幻想性的故事,是把我们日常生活中息息相关的内容与虚幻出来的神仙和妖怪联系在一起,发生一些超越现实生活的神话故事,如《叶限》《毛衣女》。

2. 动物故事

动物故事是以人格化的动植物或其他自然界为主人公的故事,具有人间生活与动物习性相结合的特点,如《兔子和乌龟》《老鼠娶亲》《三只小猪》等。

3. 生活故事

生活故事又称"写实故事"是指以日常生活为描述对象,内容基本符合现实生活的逻辑故事。这类故事的主要类型有巧媳妇型故事、呆女婿型故事、怕老婆型故事、机智人物型故事、吝啬鬼型故事、说大话型故事、残疾人型故事、懒汉型故事等,如《孟姜女哭长城》《梁山伯与祝英台》等。

4. 笑话

笑话是引人发笑的故事,既有对不合理的甚至丑恶的社会现象的讽刺,也有对智力、性格、世界观等方面的缺点、弱点进行的善意嘲讽,还有为了活跃气氛而讲述的幽默故事。笑话常用夸张手法突出可笑之处,如《郑板桥送贼诗》《一钱不救》等。

请你结合民间故事的文体特点，谈一谈民间故事与神话、寓言的区别。

（三）民间故事的文体特点

民间故事之所以源远流长，并以独特的文学载体与资源列入中华传统文化抢救目录，除其创作沃土的广袤性、大众性外，还得益于平朴的叙述语言、生动的故事情节等。

1. 主人公多为普通劳动者

民间故事是古代劳动人民创作的，是为了表达劳动人民对幸福美好生活的期盼与追求，所以故事的主人公多为普通的劳动者。如《农夫与蛇》中的农夫、《猎人海力布》中的猎人、《牛郎织女》中的牛郎，都是人民群众当中最普通的劳动者。

2. 生动的故事情节

《牛郎织女》讲述了牛郎小时受虐—与老牛相伴—与织女相会—结为夫妻—生儿育女—被迫分离—七夕相会的故事，故事情节波澜起伏、曲折离奇，阅读时读者被牛郎织女之间的凄美爱情故事深深吸引，情绪也随之起伏不定。

3. 贴切的平朴语言

民间故事的语言，出自底层平民之口，述之于底层平民之耳，绝非儒生、官员口中之言。故而，渐成贴切、平朴的语言风格。即使听者不识文字，也能听得懂、记得住、讲得出。《漏》一文在语言表达上就十分口语化。比如，老婆婆说："管他狼哩，管他虎哩，我什么都不怕，就怕漏！"贼想："坏事，'漏'等着吃我哩！"语气词"哩"为故事增添了浓浓的生活气息。又如文中的"旋风一样，停都停不下来""这下我可活不成了"等都是来自生活中的口语，读起来毫不费力，通俗易懂，又充满趣味。

4. 鲜明的人物立场

民间故事在人物的动作表情和特定话语中有着鲜明的立场，而非直白地表明讲述人物的观点、立场，是民间故事的叙事风格之一。如《枣核》中写县官"鼻子都气歪了，脸涨得通红"，一个恼羞成怒的贪官污吏形象跃然纸上；写枣核"不光勤快，也很聪明""大摇大摆地走了"，一个聪明伶俐的孩童形象印刻读者心间。

二、民间故事在统编版教材中的编排特点

统编版小学语文教材中的民间故事篇目并不多，总共只有5篇〔《牛郎织女》(一)(二)合为一篇〕，主要分布在中学段。五年级上册设置了一个民间故事单元，语文要素为"了解课文内容，创造

性地复述故事”“提取主要信息，缩写故事”。设置民间故事单元的目的主要有：一是通过学习两篇民间故事，增强学生对民间故事这一文体的认识，传承和弘扬中国优秀传统文化；二是训练复述故事的能力，本单元阅读要素在中年级“详细复述”“简要复述”的基础上提出更高的要求，复述时发挥创造性思维，把故事讲得更生动、更有吸引力；三是学习缩写故事，学会通过摘录、删减、改写、概括等方法简要地介绍故事。

表 3-3 统编版小学语文教材中民间故事选文统计表

册目	课文	国别	课文类型
二年级上册	《狐狸分奶酪》	匈牙利	精读
三年级下册	《漏》	中国	精读
	《枣核》	中国	略读
五年级上册	《猎人海力布》	中国	精读
	《牛郎织女(一)》	中国	精读
	《牛郎织女(二)》	中国	精读

三、民间故事解读方法与策略

(一) 感受民间故事的传奇色彩

1. 把握曲折离奇的民间故事情节

民间故事的传奇色彩常常通过曲折离奇的故事情节表现出来。如《漏》讲述了一个雨夜发生的故事。起因是老虎和贼都来到老婆婆家偷小胖驴，听到老婆婆和老公公的交谈，老婆婆说自己不怕老虎不怕狼，只怕漏，老虎和贼都以为“漏”是比他们更可怕的东西。经过是老虎和贼都误以为对方是“漏”，吓得落荒而逃，好不容易才摆脱对方。但因为贪心，他们又打算折回去偷驴，结果在歪脖子树下再一次相遇，又都误以为对方是“漏”，吓得双双滚下山坡，都吓晕了过去。结果是天亮后，老婆婆家的小胖驴安然无恙，屋顶却真的漏了。随着地点的不断转换，故事情节一波三折，极具趣味性。

2. 抓住具有传奇色彩的人物形象

有些民间故事中会出现一些具有传奇色彩的人物形象，如《枣核》中的枣核，他只有枣核那么大，而且永远不会长大；《猎人海力布》中会说话、会报恩的小白蛇；《牛郎织女》中会说话的老牛，下凡的仙女织女。

（二）分析民间故事塑造的独特形象

1. 品味细致的动作表情

基于故事的耐读性与吸引力需要，民间故事在叙述手法上，也毫无例外地强调动作表情的细致描述，从而塑造鲜明的形象特点。如《漏》中老虎驮着贼逃到了大树跟前，“老虎把身子一歪，贼顺势一纵，蹿到树上”。这句话中“一歪”形象地表现出了老虎急切地想将背上的“漏”蹭下来，一“纵”一“蹿”，把贼的动作之灵敏表现得淋漓尽致，细品之后还能从这三个动词中窥见老虎与贼的心理，他们都把对方当成了可怕的“漏”，急于摆脱这个“漏”。这三个动词的运用十分恰当传神地表现出了老虎和贼的可笑。

2. 品读生动的语言描写

如《猎人海力布》中有多处对海力布的语言描写，当他听了鸟儿的话后，劝说村民搬家时，“咱们赶快搬到别的地方去吧！这个地方不能住了！”“相信我的话吧，赶快搬走！再玩就来不及了！”每一句话都以感叹号结尾，足以看出海力布此时内心的焦急，表现出海力布对村民安危的担忧。最后为了救乡亲，他打破了使用宝石的禁忌，说出了消息——“今天晚上，这里的大山就要崩塌，洪水要淹没大地。你们看，鸟都飞走了。”我们阅读时会发现，这句话的语气十分平淡，不似之前的强烈，海力布明知说出消息自己就会变成石头，为何语气还能如此平淡呢？细细品读，就能感受到海力布为了救乡亲宁愿牺牲自己的舍己为人的崇高精神。

（三）领悟民间故事的现实意义

1. 联系历史背景

民间故事是中华优秀传统文化的组成部分，我们能看到某个时代的伦理纲常、道德取向、善恶态度、精神气质。《牛郎织女》的故事在西周末年就出现了，到了汉朝时期故事情节逐步丰富和完善，有了浓浓的生活气息，这跟当时的历史现实息息相关。当时，由于织布机的发明、应用，耕牛、铁犁的推广，农业、手工业得到空前的发展，人们向往男耕女织、自给自足的生活，这与当时的社会现实形成了尖锐的矛盾。所以牛郎织女的结合遭到了代表权力一方的王母娘娘的反对。同时，故事中也寄予了人民的抗争精神和美好的愿望，最终王母娘娘向牛郎织女妥协了，允许他们每年七夕相会。

2. 分析写作手法

民间故事在写作过程中也会使用拟人、夸张、讽刺、象征等手法，通过分析写作手法，能够真正理解创作者的写作意图，发掘民间故事的社会功能。《漏》借老虎和贼的可笑形象，讽刺了那些愚蠢、贪婪的人，告诫人们做贼心虚、干坏事绝不会有好下场。《枣核》运用夸张的写作手法，借一个只有枣核那么大的孩子的智慧帮助村民夺回牲口、惩治贪官，实则说明的是一切恶势力在人民面前都是“纸老虎”。

四、民间故事课例分析——《猎人海力布》

扫码查看3-5
课文《猎人海力布》

《猎人海力布》是五年级上册民间故事单元中的一篇精读课文。讲述了海力布为了拯救乡亲，不惜牺牲自己的故事，赞美了海力布热心助人、舍己救人的高贵品质。

（一）梳理故事情节

课文主要讲了两个小故事。一是海力布救了一条小白蛇，得到了一块能听懂动物说话的宝石；二是为了救乡亲们说出实情，打破了宝石的禁忌，自己变成了一块石头。

这两个故事环环相扣。第一个故事交代了宝石的来历以及使用宝石的禁忌，为第二个故事的展开做铺垫，同时也埋下了伏笔——海力布得到宝石之后会发生什么事情？宝石能给他带来什么呢？面临抉择时，他又会如何选择？这一个个悬念一层层推进，在第二个故事中宝石的威力得到了验证，海力布也因打破了宝石的禁忌变成了石头。

（二）体会神奇色彩

被救助的小白蛇居然是老龙王的女儿，她不但会说话，还会报恩；把宝石含在嘴里就能听懂各种动物说的话；海力布含着宝石去打猎，能够打到很多的猎物；带头的鸟儿在山洪来临之前就能预警；海力布打破宝石的禁忌真的变成了石头……这些情节都不可能在现实生活中发生，充满了神奇色彩。

（三）分析人物形象

海力布是一个热心助人的人。故事开篇就说到他“每次打完猎回来，总是把猎物分给大家，自己只留下很少的一份”，主动与他人分享也许不难做到，但给予别人的总是比留给自己的多，却是十分难能可贵的。当他听到小白蛇的呼救声，搭箭开弓营救，从中也能令人感受到他的善良。

海力布是一个舍己为人、敢于牺牲的英雄。海力布明知说出鸟儿预知到的大山崩塌、洪水来袭的消息，自己会变成石头。为了让村民相信他的话，赶紧撤离，他毫不犹豫地打破了宝石的禁忌。这种为了救助他人、甘愿牺牲自我的精神实在让人钦佩。海力布的抉择，实际上展现的是人类共同的价值取向，这是我们学习此类民间故事必须领悟的精神要义，也是我们传承此类民间故事的现实意义。

思考与练习

1. 童话和寓言，你能区分开来吗？请你根据本章所学对下列篇目进行归类，把序号填入表格中。

①《小蝌蚪找妈妈》　②《青蛙卖泥塘》
③《寒号鸟》　④《在牛肚子里旅行》
⑤《自相矛盾》　⑥《陶罐和铁罐》
⑦《开满鲜花的小路》　⑧《揠苗助长》
⑨《我要的是葫芦》

童话	寓言

2. 请从文体的角度分析统编版小学语文三年级下册《鹿角与鹿腿》的写作特点。

3. 对于古人而言，古代神话中的“神”更多的是一种对神秘力量的崇拜，但是对于现在的人来说，这种崇拜感已经所剩无几了，对于现在的学生来说，神话中的“神”更多的是“神奇”，吸引着学生去学习去阅读。请赏析《羿射九日》一文，谈一谈你是从哪些词句中感悟到神奇之处的。

第四章
诗歌类文本解读

本章导读

诗歌是诗和歌的总称。在小学语文教材中包括儿童诗歌、现代诗、古诗等。解读诗歌，从诗歌中感受语言文字的美，能够培养学生的审美能力，奠定学生坚实的文学基础，激发学生学习语文的浓厚兴趣；解读诗歌也是促进语文教学发展的重要手段，有效的解读策略可以不断挖掘诗歌中蕴含的魅力，读出诗歌的节奏、感情、意味，从诗歌中感受生活的真善美。

学习目标

1. 了解儿童诗歌、现代诗歌、古代诗歌的文学特征，提高文学鉴赏能力。

2. 掌握儿童诗歌、现代诗歌、古代诗歌的解读方法和策略，能够运用所学方法和策略解读统编教材中的诗歌类文本。

思政目标

1. 在阅读分析诗歌类文本的过程中，感受中国语言文字的魅力，增强文化自信。

2. 通过深入解读诗歌，走进诗人丰富的情感世界，感受他们对自然、对生命、对国家的浓烈的爱，体会他们的正直、善良、高洁的美好品质，塑造良好的品格。

第一节 儿童诗歌

一、儿童诗歌的文体知识

儿童诗歌是指专门为少年儿童创作的、符合他们心理和审美特点的诗歌。儿童诗歌以饱蕴情感的诗的形象、优美深邃的意境，引发儿童的丰富联想，沟通交流感情，启迪心灵，使他们获得美的熏染和享受。

（一）儿童诗歌的类型

儿童诗歌有三种类型：儿歌、儿童诗和儿童散文诗。

1. 儿歌

儿歌是以低幼儿童为主要接受对象，以口语化的韵语叙事表情的一种短歌。它是人生最早接触的一种文学样式。

2. 儿童诗

同儿歌相比，儿童诗的思想内容较深沉含蓄，抒情性更强，更讲究诗的意境，语言更加优美精致。诗歌以它直率明朗的抒情性、流畅优美的音乐性、天真活泼的趣味性等特性，深得儿童的喜欢，并对于他们丰富词汇、陶冶情操、增长见识、开发智力有着不可忽视的重要意义，同时它又蕴涵着中华民族的精神和品质。对小学生进行诗化教育，不仅可以激发学生的创造潜能、全面提高综合素质，还可以使儿童增加审美体验、培养语感。

3. 儿童散文诗

儿童散文诗是一种介于诗歌和散文之间的儿童文学样式，它具有诗的意境和散文的形式，它注重自然的节奏感和音乐美，篇幅短小，常常富有哲理，像散文一样不分行。散文诗还具有想象丰富，感情真挚，语言天真，意境优美，音调和谐，节奏感强等特点。

（二）儿童诗歌的文体特点

儿童诗歌表现儿童的情感、性灵和体验，是以儿童为本位、体现着儿童心理与意识的诗歌。同时，儿童诗歌所透出的儿童活泼的天性、不受束缚的幻想及其成长过程中的各种情绪，与成人诗复杂、深沉、隐藏、朦胧的特点有着明显的区别。

1. 饱满的儿童情趣

"诗非他，人之性灵之所寄也。"这里的性灵就是指细腻平和的情感。诗能平和人的感情，改变人的气质。抒情，是诗歌反映生活的主要方式。儿童诗歌也不例外。但由于它的读者对象的特殊性，所以要求诗歌的情感必须从儿童心灵深处抒发出来，逼真地传达出孩子们那种美好的感情、善良的愿望、有趣的情致，以激起小读者感情上的共鸣。

例如林焕彰的儿童诗《公鸡生蛋》，单看题目就够引人入胜，而当诗人写道："公鸡跳到屋顶上：/喔喔喔，真的出来了！/我生了一个好大好大的金鸡蛋！"诗人把一个再平常不过的日出景象加以想象和生发，最后发展成一首小童话诗，给我们创造了一个奇特的童话世界，诗人带给小读者的是满足好奇心的阅读快感和活泼向上的儿童情趣。

2. 丰富的儿童想象

儿童是最富于想象和联想的，他们总是用自己创造性的想象来认识并诠释世界上的一切事物。在他们通过想象而诗化的世界里，花儿会笑、鸟儿会唱、草儿会舞、鱼儿会说……因此，儿童诗歌必须以符合儿童心理的丰富想象创造优美的意境，抒发儿童的童真童趣，让儿童在奇妙多姿的世界里，展开想象的翅膀，感悟诗的意境。这就要求儿童诗要在想象的世界中用心灵和儿童对话。如儿童诗《一颗面包做的心》（安娜·索尔迪文）：

我在面包房里/看见一个心形大面包，/热乎乎，香喷喷，/于是我想到：/"如果我有一颗面包做的心，/多少孩子可以吃个够！/给你，我的挨饿的朋友，/还给你，给你，给你……/我这面包做的心啊，请来吃一口。"/对一个挨饿受怕的孩子，/光说"我爱你"还不够，/碰到流泪的孩子，/不能只说一声"可怜的朋友"。/如果我有一颗面包做的心，/多少孩子可以吃个够！/你是一个当权的人，/为什么不做面包的炸弹，/请问什么碍着你这么办？/这样，到了战争结束的时候，/每个士兵将快快活活/带回家一大篮/味道芳香、皮子焦黄、/金色的炸弹。/然而，这只是梦罢了，/我那挨饿的朋友，/他眼泪还在流着。/啊，但愿我的心是面包做的！

一个十一岁的孩子尽管还缺乏诗歌创作的经验和技巧，但是她的感性也同样没有受到理念的约束，因此她写出的诗才充溢着独特的想象和深挚的情感，而没有半句理性的口号。具有丰富感性的儿童心灵世界就是诗的世界，《一颗面包做的心》不过是这个心灵世界的一种自然的披露。

3. **巧妙的诗意构思**

儿童诗歌所抒发的情感不论在丰富性上，还是在深刻性上，都远不如成人诗歌，这是儿童的情感特点所决定的。如何才能在不甚宽阔的情感层面上表达情趣并创造独特的表达效果呢？这主要依赖于新颖巧妙的构思。如鲁凯奇的儿童诗《贝尔格莱德出了乱子》：

出了乱子！
出了乱子！
全贝尔格莱德
这样惊惊惶惶。
人人都在说，
有一只可怕的狮子
不久前
从动物园里
跑到外面。

所有汽车，
所有电车，
所有大车，
所有小车，
都像兔子一样，
逃开去躲藏！
求狮子没有用，
唯一的办法是
逃得快一点！

爬窗的爬窗
进屋的进屋！
快点！
快点！
谁跑得这么慢？
唉，这个不要命的家伙！
瞧那百兽之王

来咬你的屁股！

叫呀，
嚷呀，
哇啦哇啦，
都进了房。
然后从窗口
往外观望。
这里那里
大家心里嘀咕，
现在顶顶要紧的是
别叫狮子饿得慌！

瞧瞧面包师，
把大堆大堆
美味的小面包，
全扔给狮子：
吃吧吃吧，
野兽之王，
可别来把我们咬！
糖果店的人，
把大堆大堆的
巧克力，
果子膏，
扔给兽王：
吃吧吃吧，狮子，
吃巧克力糖！
吃吧吃吧，狮子，
吃果子软糖！
可千万别
吃人！

可狮子，
不喝、不吃，
它文文静静地
走进了电影院，

它温温和和地
坐在观众席上，
专心一意地
看那从它老家非洲
拍来的电影。

我们通常从“动物世界”的弱肉强食去解读狮子，狮子的强大、威猛和凶残已经铆固在狮子形象的本质中，几乎不可剥离了。塞尔维亚的名作《贝尔格莱德出了乱子》，也是以狮子的强大、威猛、凶残为前提和基础来展开故事的。平常，我们无动于衷地谈说狮子，是因为狮子都关在笼子里。但要是狮子忽然跑出笼子来呢，我们就会一反常态，马上就只把狮子当作强猛、凶残的代名词，联想起来的场景是，雄狮像撕开一个枕头一样轻易地把一头硕大的牛的胸腹扒开，正如塞尔维亚诗人鲁凯奇在这首童话诗里所写的这样：所有要命的人，爬窗的爬窗，进屋的进屋！快点！快点！顿时，全城慌作一团。

但是，这首诗的难能可贵在哪里？只是告诉我们狮子从动物园里跑出来，于是顿时全城慌乱，此中无有任何经典品格可言。绝妙好诗必定是独辟蹊径的。那么这首童话诗独辟的蹊径在哪里？作者不动声色，他把“最硬”的一张牌牢牢捏在手里，绝不轻易拿出来给我们看。等全城慌乱够了，作者的“硬牌”才亮出来。这首诗在写狮子想念非洲老家。这样理解不错，但还可深追一层：想念非洲老家的什么？广袤的丛林，那里有它的父母和同伴，也不错的。但是，底牌应该是：强行把狮子挪离非洲，意味着剥夺了狮子丛林生活的自由。狮子生来是自由的，非洲，留着它生命不可忽离的自由生存境域。自由使狮子迷醉：它在电影院里看得发痴，文文静静的，就是因为非洲丛林有它向往的自由。[①]

4. 天真的语言表达

诗是语言的艺术，它要求语言的表现更加精致、优美、丰富。它激荡人心，又启人思考。儿童诗的语言同样应具备这些特点。但是，因为它的读者年龄、心理以及学识上的特点，又要求儿童诗的语言更加通俗易懂、浅近有趣。如刘饶民的《大海的歌》中《大海睡着了》：“风儿不闹了，/浪儿不笑了，/深夜里，/大海睡觉了。/她抱着明月，/她背着星星。/那轻轻的潮声啊，/是它睡熟的鼾声。”

---

① 韦苇. 精典伴读——点亮心灯[M]. 长沙：湖南少年儿童出版社，2006：222－223.

寥寥数语就把静谧安详的大海展现在读者面前，而且用拟人的手法，以准确的措辞“抱着”“背着”“鼾声”形象地描绘出大海这位“母亲”熟睡时的优美体态。经常吟诵此类诗，不仅可以提高儿童的审美能力，还能从中学习并提高驾驭语言、鉴赏语言的能力。

儿童诗歌优美的语言，除了词语的锤炼要准确恰当外，诗的声音节奏更应具有音乐性，即诗的音韵要有美感效应。美学专家朱光潜先生说：“情感的最直接的表现是声音节奏，而文学意义反在其次。文学意义所不能表现的情调常可以用声音节奏表现出来。”

儿童诗歌的音乐性主要表现在押韵和节奏上。韵脚的变化、句式的错落有致，既兼顾了不同年龄段的儿童，同时又可使诗歌具有较强的音乐感和节奏感，形成全诗的回环整齐的美感。年龄越小的儿童，阅读的儿童诗的韵脚应越整齐。例如，程宏明的《雪地里的小画家》这首儿歌押的是“ɑ”韵，这是一个响亮的韵脚。不同的韵脚渲染不同的情绪，表达不同的情感色彩。像这样的“ɑ”韵，特别适合渲染活泼、快乐、灵动的情绪氛围。所以，我们读这种儿歌，感受到的正是那份天真的快乐、那份无瑕的灵动。

5. 优美的童稚意境

意境是我国古代文论中的一个概念，是抒情文学审美理想的集中体现，具体指抒情性作品所呈现的虚实相生、情景交融的形象系统及其所拓展的审美想象空间。意境是儿童诗歌应该刻意创造的，而且应以营造童稚而优美的意境为目标。人们常说“情景交融”，即诗歌的感情应当附丽于形象。只有把真实的儿童感受通过形象含蓄地表现出来，而不是抽象地呼喊，这种儿童诗才具有童稚而优美的意境，也才能感动儿童。如黄庆云的儿歌《摇篮》：

蓝天是摇篮，/摇着星宝宝，/白云轻轻飘，/星宝宝睡着了。

大海是摇篮，/摇着鱼宝宝，/浪花轻轻摇，/鱼宝宝睡着了。

花园是摇篮，/摇着花宝宝，/风儿轻轻吹，/花宝宝睡着了。

妈妈的手是摇篮，/摇着小宝宝，/歌儿轻轻唱，/小宝宝睡着了。

歌颂母爱是儿童文学的重要主题。因为它的小读者来到这个世界上，最初感受到的就是这种温馨慈爱的感情。这种感情留存在我们的记忆中，终生不会泯灭。爱的教育也是儿童文学重要的社会功能。作家将这种感情融会于他所创造的形象之中，让读者从中感受到爱的温暖和可贵，进而懂得从小爱祖国、爱人民、爱亲人、爱朋友。黄庆云的这首《摇篮》，以集中的笔墨描绘了摇篮的和谐氛围和宝宝们身处摇篮中的幸福感受，歌颂了母爱的伟大——

母亲的爱是无处不在的。这首诗在内容的安排上井然有序，写作手法由远及近，先写“蓝天是摇篮”，次写“大海是摇篮”，再次写“花园是摇篮”，最后写“妈妈的手是摇篮”。作者把“蓝天”“大海”“花园”比作摇篮，给人以邈远、遥深、温暖、安适的感觉，而“星宝宝”“鱼宝宝”“花宝宝”这些形象不但为孩子所熟悉，也最富童话色彩，加之以“白云轻轻飘”“浪花轻轻翻”“风儿轻轻吹”等句的反复歌咏，创造出一种静谧、甜美的意境。所以，当最后一节引出“妈妈的手是摇篮”的时候，就使读者立即感受到了现实生活中，母爱就像蓝天、大海、花园一样博大；妈妈的“歌儿轻轻唱”也会让读者联想到“白云轻轻飘”“浪花轻轻翻”“风儿轻轻吹”的恬静，从而将母爱进一步具体化、诗意化。①

二、统编版小学语文教材中儿童诗歌的编排特点

扫码查看4-1
儿童诗歌选文统计表

1. 数量随着年段递减

从儿童诗的具体分布来看，统编版小学语文教材中的儿童诗歌主要分布在低、中年级，一、二年级分布最为集中，这与学生阅读能力的发展水平和儿童心理的发展水平相一致。其中一年级上册8首，一年级下册3首；二年级上册2首，二年级下册5首；三年级上册1首，三年级下册2首；四年级下册1首。

2. 类型多样化

从儿童诗歌在教材中的分布情况统计来看，统编版小学语文教材中的儿童诗歌类型多样。从国别来分析，以中国本土作家的作品为主，同时也选入了部分外国优秀的儿童诗歌作品；从文体来分析，儿歌、儿童诗篇目较多，同时也根据学生阅读能力发展需求，选取了一些经典的儿童散文诗作为课文；从篇幅来分析，既有独立成篇的儿童诗歌，也有主题一致的儿童诗歌组诗。

3. 主题多元化

儿童诗歌最重要的特征是与儿童生活接近，适合儿童诵读，统编版教材中的儿童诗歌对提升儿童语言素养，助推精神成长有着不可替代的作用。具体来看，每首儿童诗歌所表现的主题又不尽相同，如《明天要远足》侧重于童年成长，表现了一个孩子对远足的向往和盼望；《祖先的摇篮》侧重于爱国主义教育方面，旨在表达对

---

① 金波. 能歌善舞的文字——金波儿童诗评论集[M]. 北京：接力出版社，2017：177.

祖先的敬慕之情，倡导人与自然和谐相处；《雷锋叔叔，你在哪里》侧重于榜样示范，引导学生学习雷锋乐于助人的精神，在生活中也要做好事、献爱心；《比尾巴》侧重于传授自然科学知识，让学生初步认识几种动物尾巴的不同特征。

三、儿童诗歌的解读方法与策略

（一）儿童本位，感知童心童趣

统编语文教材中的儿童诗歌都是成人为儿童而写，体现了诗人的儿童本位观。因而我们在解读儿童诗歌的时候，也要体现儿童本位观。如果仅仅从第三者的角度出发，在理解诗歌时会存在障碍，情绪的感知会受到限制。因此在解读儿童诗歌文本时，要有意识地代入儿童的身份，这样能帮助我们更快地融入诗歌的情境，体会诗中的情感，与学生在心灵上产生共鸣。

如一年级下册的《一个接一个》："唉，我好想再多玩一会儿啊。""唉，要是不上学就好了。""唉，要是没有上课铃就好了。"从老师和家长的角度来看，这样的想法可真是不应该，但是这首诗的内容描绘的就是孩子的生活、孩子的心声，这就是孩子的世界，完全不同于成人的世界。学生一读，就会产生共鸣。

儿童诗歌所抒发的情感，往往洋溢着满满的童真童趣，不仅能使学生从中获得似曾相识的愉悦，往往也能把成人带回到那童心萌动的情景中，重温儿时的梦。如三年级下册《童年的水墨画》：

像刚下水的鸭群，
扇动翅膀拍水戏耍。
一双双小手拨动着浪花，
你拨我溅笑哈哈。
是哪个"水葫芦"一下钻入水中，
出水时只见一阵水花两对银牙。

诗人通过定格"下水""戏耍""入水"这几个充满童趣的画面，描绘出了一幅孩子江中嬉戏的欢乐场景图。水乡的孩子们最喜欢夏天了，他们就像一个个"水葫芦"似的钻入江中，作者特意将他们比作鸭群、水葫芦，信手拈来的比喻，将烂漫的童真童趣渲染得酣畅淋漓，多么动人的一幅"水墨画"！看到这样的画面，是否也勾起了你童年的记忆呢？

诗人于生动写实的描写中，把儿童独有的顽皮、活泼表现出来，使人感到这就是天真快乐的儿童所具有的，盎然的儿童情趣溢于言表。

（二）找准诗眼，理清诗歌脉络

什么是诗眼？诗眼是诗歌中最能开拓意旨和表现力最强的关键词句，是作品中点睛传神之笔。如果学生能够找到诗歌的诗眼，便能了解诗歌全貌，对诗歌内容会有整体感知，继而体悟诗歌感情。诗眼有两种表现形式：一种是诗词句中最精炼传神的某个字，以一字为工；一种是全篇最精彩和关键性的诗词句子，是一篇诗词的主旨所在。那怎么找准诗眼呢？

通常来说，找准“诗眼”可以从以下三个方面入手。

1. 从情感入手

抓诗歌中最能体现作者情感的字（词、句），如一年级下册《怎么都快乐》的诗眼就是“很好”，一个人玩很好，两个人玩很好，不管是多少人，玩什么游戏，都很好，这个词直接表现了天真可爱的孩子简单的快乐。抓住了诗眼，就可以循着情感这根线去理解诗歌。这类字（词）以动词或形容词为主。

2. 从修辞入手

抓诗歌中最生动传神的字（词、句），这类字（词、句）常常出现在描写句中，且常运用比喻、拟人等修辞手法。如一年级上册《青蛙写诗》的诗眼就是“我来当……”，下雨了，青蛙呱呱地叫着，它是在写诗，池塘里的小动物们纷纷来争着当诗中的标点符号。诗人恰恰是借助“我来当……”这个句型，将池塘里的动物拟人化，极具情趣地引入了逗号、句号、省略号这三种学生要学习的标点符号。这类字（词）也主要是动词或形容词。

3. 从结构入手

抓诗歌中最能统领全篇的字（词、句），全诗或明或暗地围绕该字（词、句）来写，只是各有侧重。如三年级上册《听听，秋的声音》，这首儿童诗的诗眼就是“听听，秋的声音”。整首诗中，大树、蟋蟀、大雁、秋风的情态变化，都成了秋的最美妙、动听的声音。听听，你就能感受到秋的韵致；听听，让学生深入生活去领悟秋的美好。此类字（词、句）通常会在诗歌中反复多次出现。

我们在判断哪个字（词、句）是“诗眼”时，以上三个方面是重要依据，分析时依据情况具体对待。

（三）把握音乐性，体悟诗味诗情

诗歌的音乐性分为外在音乐性和内在音乐性。我们在解读儿童诗歌时，可以从这两个方面着手深入，对于体悟诗味诗情很有帮助。

1. 外在音乐性

所谓外在音乐性，指的就是儿童诗歌的段式和韵式。押韵是节奏的听觉化效果，段式结构是节奏的视觉化效果，它也称为外节奏。诗的外在音乐性很重要，一首儿童诗歌的接受过程，往往都是从外节奏开始的。

如一年级上册的《小小的船》："弯弯的月儿小小的船，小小的船儿两头尖。我在小小的船里坐，只看见闪闪的星星蓝蓝的天。"

这首儿歌句式简单，却营造了一种绮丽的意境，生成了欢快的节奏，读起来让人忍不住跟着一起打拍子。"船、尖、天"，三个尾字押韵，"an"韵犹如歌曲中的旋律，"弯弯的""小小的""闪闪的""蓝蓝的"，这些叠词的使用不仅使整首儿歌的语言充满了节奏感、韵律十分欢快，而且"的字式"短语结构让诗歌的句式更整齐，读来更有音乐感。

2. 内在音乐性

所谓内在音乐性，指的是诗情呈现出来的音乐状态，情绪的强弱起伏变化构成了诗歌的内在旋律，它又可以称为内节奏。

如二年级上册的《妈妈睡了》：

妈妈睡了。妈妈哄我午睡的时候，自己先睡着了，睡得好熟，好香。

睡梦中的妈妈真美丽。明亮的眼睛闭上了，紧紧地闭着，弯弯的眉毛也在睡觉，睡在妈妈红润的脸蛋上。

睡梦中的妈妈好慈祥。妈妈微微地笑着。是的，她在微微地笑着，嘴巴、眼角都挂满笑意。好像在睡梦中，妈妈又想好了一个故事，等会儿讲给我听……

睡梦中的妈妈好累。妈妈的呼吸那么深沉。她乌黑的头发粘在微微渗出汗珠的额头上。窗外，小鸟在唱着歌，风儿在树叶间散步，发出沙沙的响声，可是妈妈全听不到。她干了好多活儿，累了，乏了，她真该好好睡一觉。

张秋生的这首儿童诗，具有很强的内在音乐性。作者在第一自然段描写了妈妈哄孩子午睡的场景，哄着哄着自己先睡着了。

对于妈妈来说，这是她辛劳操持家务后难得的休息，所以妈妈睡得好沉，睡得好熟、好香。第二至第四自然段则详细描写了睡梦中妈妈的样子，诗人非常巧妙地用了三个并列式的段落描写妈妈的美丽、温柔和劳累。这当中，既有对妈妈熟睡样子的描写，“明亮的眼睛闭上了，紧紧地闭着；弯弯的眉毛，也在睡觉，睡在妈妈红润的脸上”——孩子心中的妈妈好美；也有孩子看到妈妈熟睡样子的联想，“好像在睡梦中，妈妈又想好了一个故事，等会儿讲给我听……”——孩子心中的妈妈真好；还有孩子看到妈妈熟睡样子后内心的想法：“她干了好多活，累了，乏了，她真该好好睡一觉”——孩子对妈妈的体贴。诗歌从不同角度进行描写，使妈妈的形象更加丰满，让人亲近；而孩子的情感也在层层递进，这已不是简单地描写妈妈睡着时的情景，更是在表达孩子对妈妈的体贴与心疼，亲子之间那种浓浓的情意在诗中流淌。诗歌的内节奏使诗同样获得音乐的特质。

通过对儿童诗歌音乐性的把握，我们就有机会了解诗歌语言的含义、蕴含的情感，在不知不觉中感悟儿童诗歌的魅力。

（四）展开联想想象，体会诗歌意蕴

儿童最富于联想和想象，儿童诗歌就是以符合儿童心理的丰富想象创造出优美的意境，抒发童真童趣，让儿童能在多姿多彩的世界里，展开想象的翅膀，感悟诗的题旨。因此，我们在解读儿童诗歌时，要借助联想和想象，在诗歌的世界中用心感受其意蕴，进而能和儿童对话。

1. 联想

联想就是由一个事物想到另一个事物的过程。联想主要有以下三种类型。

（1）相似联想

相似联想是根据事物的相似点而展开的联想。相似有形态上的相似，有品质上的相似，有品格上的相似等。

一年级上册《小小的船》这首儿歌就是根据事物的相似性展开的联想，你看，天空中挂着的月儿，弯弯的，像极了小小的船。正是利用形态的相似，诗人联想到了“我”坐在两头尖的船里，不仅看到了蓝蓝的天空，还能与闪闪的星星为伴。借助这样的联想，让原本平淡常见的事物拥有了别样的魅力，而读者也能感受到诗歌更生动、更形象、更优美了。

（2）相关联想

相关联想就是由事物之间的相关因素而展开的联想。如时间

和空间相关，物体与事件相关，原因与结果相关等。

如二年级下册的《祖先的摇篮》：

爷爷说：
那原始森林是我们祖先的摇篮。
真有意思，
这是多大的摇篮啊！
那浓绿的树荫
一望无边，
遮住了蓝天。

我想——
我们的祖先，
可曾在这些大树上
摘野果，掏鹊蛋？
可曾在那片草地上
和野兔赛跑，看蘑菇打伞？

那时候，
孩子们也在这里
逗小松鼠，
采野蔷薇吗？
也曾在这里捉红蜻蜓，
逮绿蝈蝈吗？

风儿吹动树叶
“沙沙，沙沙！”
那回忆
多么美好，
又那么遥远……
啊！
苍苍茫茫的原始森林，
我们祖先的摇篮！

我们的祖先生活在原始森林里，他们的活动与森林有关，而诗中的“我”是一个天真的孩子，孩子的世界中，祖先的生活与自己的生活关联起来。诗人正是抓住他们之间的相关因素，展开联想。如森林里有数不清的树木，“祖先是否曾在树上摘野果、掏鹊蛋？

是否也曾与野兔赛跑,看蘑菇打伞?”“孩子们逗松鼠、采蔷薇、捉蜻蜓、逮蝈蝈”,所有的一切都似曾相识,共鸣就这么产生了。看,利用相关联想,使诗歌的视野更加宽阔,内容更加丰富,审美价值都提升了许多。

(3) 对比联想

对比联想就是相反的事物构成的联想。例如,在外形方面,从长想到短,从肥想到瘦;在境况方面,从困难想到顺利,从贫穷想到富裕;在品格方面,从美好想到丑恶,从善良想到凶残;在情景方面,从热闹想到安静,从明亮想到昏暗,等等。

2. 想象

什么是联想?什么是想象?请结合你的理解说一说它们之间的区别。

想象又是什么呢?如果说联想是想象力的初级阶段,那么想象则是想象力的高级阶段。想象是指对头脑中已有的印象进行艺术加工,进而创造出新形象的过程。想象主要有以下三种类型。

(1) 象形想象

象形想象就是抓住所描写事物的独特之处,通过想象创造出和它相似的新形象。

(2) 变形想象

变形想象着眼于事物的神韵,据此想象出与之相通的新形象。这种新形象与被表现事物相比,状貌已完全不同,可以说已完全变形,但仍能传导出它的神韵。

(3) 象征想象

象征想象就是托义于物的想象,它常常把抽象的意义变成具体可感的形象。

如二年级下册的《彩色的梦》:

我有一大把彩色的梦,
有的长,有的圆,有的硬。
他们躺在铅笔盒里聊天,
一打开,就在白纸上跳蹦。

脚尖滑过的地方,
大块的草坪,绿了;
大朵的野花,红了;
大片的天空,蓝了,
蓝—得—透—明!

在葱郁的森林里,

雪松们拉着手，
请小鸟留下歌声。
小屋的烟囱上，
结一个苹果般的太阳，
又大——又红！

我的彩色铅笔，
是大森林的精灵。
我的彩色梦境，
有水果香，有季节风，
还有紫葡萄的叮咛，
在溪水里流动……

这首诗的确形象、生动。“我”的一大把彩色铅笔成了各种各样的彩色的梦，梦所到达的地方，草坪绿了，野花红了，天空也变成了透明的蓝，这彩色的梦境多么的神奇！“我”的彩色铅笔是魔幻的精灵。它们赋予森林清脆的鸟叫声，给予大地灿烂的阳光，瓜果之香、溪水之韵，这彩色的梦境多么的丰富！诗中想象的使用，使诗表达的情感更加强烈、真挚，我们能感受到诗中的“我”对大自然是那么的热爱，心中对美好生活是那么的向往。

（五）品味修辞，感悟诗歌表达

儿童诗歌是儿童纯真、美好、善良品质的综合表现，它在用字遣词方面就格外地注意精炼、浅显、真挚等原则。我们可以看到，大部分的儿童诗歌形式上篇幅并不长，但是内容上却蕴含着丰富的智慧和情感，这其中重要的原因就是作者精妙的修辞表现方式。

整体来说，儿童诗歌的修辞手法主要有八种——虚实相生、通感、象征、时空转换、比喻、拟人、转品、跳跃。除此之外，诗歌的修辞方式还有借代、反衬、重叠、顶真……修辞方式的多样性和丰富性，使诗歌有着丰富多样的美学价值。

统编版小学语文教材中的儿童诗歌，最常见的修辞方式是比喻和拟人。我们主要来品味这两种修辞，去感悟儿童诗歌中精妙的表达，丰富自己的解读。

1. 比喻

儿童诗歌中的比喻要具备三个方面的特点：一是比喻要贴切，就是指本体和喻体之间的相同点要找准确，找得越准确，比喻就会越贴切；二是比喻要奇特，要善于在冰炭不投的两个事物中找出共同点，由此及彼，让此物的某个特征在彼物中得到表现，不同点越大，相同点越奇；三是比喻要新颖，运用比喻时，不要按惯性思维走，落入前人的窠臼，诗歌在发展，比喻自然也要创新，任何一个新颖的比喻，都是诗人对生活的新发现，尤其面对的是极具创造力的儿童，比喻的新颖性很重要。

如一年级上册的《影子》：

影子在前，
影子在后，
影子常常跟着我，
就像一条小黑狗。

影子在左，
影子在右，
影子常常陪着我，
它是我的好朋友。

影子是我们非常熟悉的一种生活现象，诗人能从孩童的角度出发，“就像一条小黑狗”“它是我的好朋友”，非常贴切地将影子比作了小黑狗、好朋友，表现出了影子与“我”形影不离的特点，贴近儿童的年龄，贴近儿童的生活，巧妙地表达了“我”对影子的喜爱之情。

2. **拟人**

拟人手法在儿童诗歌中使用非常广，主要源于它的作用：一是色彩鲜明；二是描绘形象，使人或事物更生动形象；三是表意丰富，更利于表达作者鲜明的情感，增强语言的亲切感，还可以使被描写的事物变得生动起来。

如一年级上册的《四季》：

草芽尖尖，他对小鸟说：“我是春天。”
荷叶圆圆，他对青蛙说：“我是夏天。”
谷穗弯弯，他鞠着躬说：“我是秋天。”
雪人大肚子一挺，他顽皮地说：“我就是冬天。”

这首儿歌相当有童趣，春天的草芽、夏天的荷叶、秋天的谷穗、冬天的雪人，都是每个季节中颇具代表性的事物，能表现出四季的特点，最有趣的就是诗人赋予了它们人的动态，看它们的语言：“我是春天”“我就是冬天”，那种得意、那种炫耀，是不是写出了孩子式的天真率直？拟人手法的运用，让整首儿童诗瞬间就变得灵动、活泼起来。

（六）链接多种材料，丰富诗歌内涵

教材中的儿童诗歌主题多元，内涵丰富，但是作为课本内容，数量还是不够的。统编教材在编排时，也设计了“我爱阅读”“快乐读书吧”等栏目，为学生提供更多的阅读材料，倡导学生将课内学到的阅读方法迁移到课外。我们在解读儿童诗歌时，也应做到了解儿童诗歌的多种风格（民族风格、时代风格、个人风格），链接更多的优秀的诗歌资源，与教材相互参照、相互补充，更好地理解所教诗歌，让文本的解读更有效。

如在解读一年级上册《小小的船》的时候，可以链接罗马尼亚诗人阿尔盖茨的《镰刀》：“天上弯弯的新月，一下落到了麦地里。割麦人捡了起来，给它安上了一个把子。它在晚霞中晃动，它割完了小麦又割大麦。”这两首诗都是描写月亮的，叶圣陶的诗中把月亮看作小船，想象着自己坐在小船里，与星星相伴，遨游夜空。而阿尔盖茨将月亮当作镰刀，描绘了一幅月下收割的劳作画面。还可以链接刘饶民的《月亮》：“天上月亮圆又圆，照在海里像玉盘。一群鱼儿游过来，玉盘碎成两三片。鱼儿吓得快逃开，一直逃到岩石边。回过头来看一看，月亮还是圆又圆。”这首诗中，刘饶民将月亮看作了玉盘，描写了一幅海上明月、鱼戏明月图，画面感特别强。我们通过这样的补充，可以丰富学生对月亮这一意象的形象感知，在教学时能更加胸有成竹。

四、儿童诗歌课例分析——《荷叶圆圆》

扫码查看4-2
课文《荷叶圆圆》

（一）教材分析

《荷叶圆圆》选自统编版小学语文教材一年级下册第六单元，本单元围绕“夏天”这个主题编排了三篇课文，从不同角度描绘出夏天的特点，旨在让我们感受夏天的美好，其中《荷叶圆圆》表达了夏天的情趣。课文编排既有传统文化的渗透，又有儿童情趣的渲染，语言优美而充满想象，行文简洁而富有韵律，适合儿童诵读和积累。本单元的学习重点是联系生活实际了解词语的意思，教学时要贯穿整个单元的学习，在教学过程中要充分调动学生的生活经验，促进学生生活经验与课文内容的有效对接，从而更好地了解词语的意思，读懂课文内容。此外，《荷叶圆圆》中可学习句子的多样表达，练习仿写；积累“荷叶是我的摇篮”这样的比喻句，有能力的学生可以练习仿说。

(二)诗歌情境分析

《荷叶圆圆》是一篇轻快活泼的散文诗,它运用比喻的手法形象地写出了荷叶是小水珠的摇篮,是小蜻蜓的停机坪,是小青蛙的歌台,是小鱼儿的凉伞。翻开课本,细细读来,如一股清新的风扑面而来。我想,教学这篇课文最重要的一点就是:带孩子进入审美的天地!让我们的孩子感知美、感受美、为美感动,并进入审美佳境。

《荷叶圆圆》这篇课文,细细品味后,会觉得心里美美的、满满的,这是因为诗歌字里行间流露出一种深深的情感,让人读了沉浸其中。如对于小水珠来说,荷叶是"摇篮",提到摇篮,我们脑海中就会浮现出小水珠在荷叶这个摇篮里摇啊摇,那种心里美滋滋的样子。这种惬意、美好,不正是由于课文处处流露出的美好情感而产生的吗?再如,对于小鱼儿来说,荷叶是"凉伞",因为有了这个"凉伞",小鱼儿可以快乐地在水里游来游去。在这里,离开了作者对小鱼儿、小蜻蜓、小青蛙等发自内心的喜爱情感,又怎会有这种让人心里甜美的感受呢?除此之外,蜻蜓把荷叶当作停机坪,青蛙把荷叶当作歌台等,在作者富有童趣的语言中,一切动物、植物都仿佛充满了生命的活力,一切都显得那么美好,熟读课文以后又怎能不为这美好的情感所陶醉呢?

另外,大自然中的一草一木都有其特点,只有细心的人才能发现。这篇课文重点描写的是荷叶,首句"荷叶圆圆的,绿绿的",作者抓住荷叶的形状、颜色把荷叶的外在美充分地表现了出来,读者仅仅读了这第一句就不由自主地产生了喜爱之情。接着,作者又在小动物的对话中把荷叶分别比作"摇篮""停机坪""歌台""凉伞",不但写出了荷叶的用处,而且字里行间也流露出荷叶给小动物们带来的自由自在的精神上的快乐,其实本诗对荷叶正面着墨并不多,但恰恰通过对小动物们的一系列描写巧妙、含蓄地反映出它身上那种"有大美而不言"的朴素、奉献的特质。在小动物与荷叶友好相处的过程中,这种生态美、自然美就会显得更加和谐,从而使读者被这种美好的情境所打动,进而更加热爱美好的大自然。诗题《荷叶圆圆》不仅是写荷叶的外形,更是写世间万物和谐相处的圆满。

（三）诗歌表达方式分析

这篇散文诗在表达方式上有以下几个特点。

1. 叠词的恰当使用

第一小节叠词的使用，整体特别符合孩子的语言习惯，我们读着读着，仿佛看到小朋友站在荷塘边上，惊喜地发现荷叶的特点是圆圆的、绿绿的。引导学生发现这个语言特点，并加以积累运用。

2. 句式考究

后面四个小节句式相同，都由两个句子组成。前句都说荷叶是我的什么，后句都是相应小动物的动作。第一小节，荷叶是摇篮，所以小水珠就有了“躺”这个动作。第二小节，荷叶是停机坪，小蜻蜓就展开翅膀，像架小飞机。第三小节，荷叶是歌台，小青蛙蹲在荷叶上唱歌。第四小节，荷叶是凉伞，小鱼儿就在荷叶下活动。通过分析我们可以发现，每小节这两个句子的组合不是随意的，而是非常严密的。

3. 动词的准确使用

四个小节中动词的使用非常准确形象，且符合四种动物的生理特点，小水珠圆溜溜的一团，说它是“躺”着，特别形象。小蜻蜓展开翅膀，细细的腿立在荷叶上是最准确不过了。小青蛙为什么是“蹲”呢？它鼓着大肚皮，四条腿粗粗的，怎么也伸不直，当然只能是蹲了。小鱼儿的动作是“游”，这符合鱼的基本情况。

4. 语言的变式多样

中间三个小节的第二句话，都是动词加上“在荷叶上”，然后接上一个短语，到最后一个小节发生了变化，动词放在了荷叶的后面，后面跟着的短句就比前面的长了些。这样的变化使得语言富有节奏感，又避免了审美疲劳。

课文共五个自然段，其中二至五自然段是重点部分，要注意对学生进行朗读指导和语言文字训练。课后练习是朗读课文和背诵课文，体现了对语言的积累和感悟的重视。此外，教师在教学中可以设计相对应的练习进行语言训练：

小水珠说：“荷叶是我的摇篮。”小水珠躺在荷叶上，眨着亮晶晶的眼睛。

小蜻蜓说：“荷叶是我的停机坪。”小蜻蜓立在荷叶上，展开透明的翅膀。

小蚂蚱说：“________________________________。”

小蚂蚱____在荷叶上,伸了伸懒腰。

小蝴蝶说:“________________________________。”

小蝴蝶____在荷叶上,____________________________。

《义务教育语文课程标准(2022年版)》在前言部分明确提出,语文课程应致力于培养学生的语言文字运用能力。而在课程设置上,也有了明确的定位——语文课程是一门学习语言文字运用的综合性、实践性课程。《荷叶圆圆》一课在致力于培养学生的语言文字运用能力上有很好的借鉴作用。一年级的学生,已经初步认识了许多客观事物,能说出它们的名字和一些现象,还能简单地表达自己的意愿,但是,很多时候仅仅是一些零星的、不规范的语言。为了使学生正确理解和运用语言,在课堂上必须联系他们的生活实际,创设他们熟悉的生活情景,帮助他们学习、积累、感悟语言。

第二节 现代诗歌

一、现代诗歌的文体知识

(一) 现代诗歌的定义

现代诗歌也叫“白话诗”,又称新诗,是指五四运动至中华人民共和国成立以来的诗歌,是以打破旧体诗格律形式束缚为主要标志的新体诗。“现代诗”这个名称于1953年纪弦创立“现代诗社”时确立。现代诗形式自由,意涵丰富,意象经营重于修辞运用,与古诗相比,虽都为感于物而作,都是心灵的映现,但其完全突破了古诗“温柔敦厚,哀而不怨”的特点,更加强调自由开放和直率陈述与进行“可感与不可感之间”的沟通。现代诗的主流是自由体新诗。自由体新诗是五四新文化运动的产物,形式上采用白话,内容上主要反映新生活、表现新思想。

(二) 现代诗歌的分类

现代诗歌可以按形式、体裁、表达方式等形式进行划分。

1. 按形式分:格律诗、自由诗

(1) 格律诗:是按照一定格式和规则写成的诗歌。它对诗的行数、诗句的字数(或音节)、声调音韵、词语对仗、句式排列等有严格规定,如我国古代诗歌中的“律诗”“绝句”和“词”“曲”,欧洲的“十四行诗”。

(2) 自由诗:是近代欧美新发展起来的一种诗体。它不受格律限制,无固定格式,注重自然的、内在的节奏,押大致相近的韵或不押韵,字数、行数、句式、音调都比较自由,语言比较通俗。美国诗人惠特曼(1819—1892)是欧美自由诗的创始人,《草叶集》是他的主要诗集。我国五四以来也流行这种诗体。比较有代表性的有艾青、徐志摩、冰心、戴望舒等诗人,这些诗人的诗作统编版语文教材均有收录。所收录的诗歌都是诗人们的代表作品,浅显易懂、意象美好,是儿童打开现代诗歌阅读的窗口。

2. 按体裁分:童话诗、寓言诗、散文诗、韵脚诗等

童话诗是以诗的形式叙说富于幻想、夸张色彩的童话故事。是童话和诗的结合物。也有在现实生活基础上展开情节幻想的童话诗,像泰戈尔的《在黄昏的时候》。

寓言诗即为具有寓言性质的诗歌。它用诗的语言来讲述故事,并寄寓一定的道理、教训,具有浓厚的教育意味和色彩。寓言诗篇幅短小,情节单一,常用讽刺与夸张的手法,突出漫画式人物形象,具有凝练、含蓄的意境氛围;语言精练而理智,有韵味而又富于哲理,且耐人寻味。统编版语文三年级下册新选入的课文《池子与河流》就是一首寓言诗。池子与河流用的是拟人化写作手法,在池子与河流对话中,告诉我们:做人应该像河流,要有勤快、不怕苦的精神,不能像池子,只贪图眼前的享受,而没有考虑到自己的未来。

值得注意的是,小学教材里的童话诗和寓言诗因内容浅显易懂,富有童真童趣,往往被划分为儿童诗。

散文诗是兼有散文和诗的特点的一种文学体裁。作品含有诗的意境和激情,常常富有哲理,注重自然的节奏感和音乐美,篇幅短小,像散文一样不分行、不押韵,如统编版语文四年级下册艾青的《绿》、叶赛宁的《白桦》等。

韵脚诗韵是每一句诗中同样的位置上互相押韵的字,也就是汉语拼音中的韵母,汉语诗韵一般放在句尾,习惯上叫韵脚。

3. 按表达方式分:叙事诗、抒情诗

叙事诗是用诗的形式来刻画人物形象、描述故事情节以反映现实生活的作品。叙事的突出特点是诗人满怀激情地歌唱一个故事。

抒情诗以集中抒发诗人在生活中激发起来的思想感情为特征，主要通过抒发诗人的思想感情来反映生活，不去详细叙述生活事件的过程，一般没有完整的故事情节，不具体描写人物和景物。

统编版小学语文教材中，抒情诗占大多数，没有明显的叙事诗。或短或长，抒怀咏志，借景抒(载)情。如冰心的短诗诗集《繁星》、祁念曾的《延安，我把你追寻》就是典型的抒情诗。

(三) 现代诗歌的文体特征

现代诗歌是用高度凝练的语言，形象表达作者丰富情感，集中反映社会生活并具有一定节奏和韵律的文学体裁。语言精练、形象，音调和谐，节奏鲜明。具体表现在：

1. 排列形式自由

首先，现代诗歌形式表现为分行排列，不是以句子为单位，而是以行为单位，且分行主要根据节奏，而不是以意思为主。其次，现代诗歌没有格律要求，篇幅比古诗、近体格律诗词(律诗、绝句、词)长，比散文短。再次，整首诗句数、每句字数以及段落没有限制。有的诗三言五语便有诗的韵味，如冰心的《繁星》；有的诗歌分节分场、铺陈排比、一咏三叹。

2. 诗歌用韵自由

现代诗歌可押韵，可不押韵，还有些诗是散韵，即一首诗好几个韵。比如四年级上册所选的两首现代诗《秋晚的江上》和《花牛歌》，就没有押韵。而同册教材的第24课《延安，我把你追寻》这首现代诗押的是“ang”韵。

3. 表达形式以抒情为主

小学统编版教材共选编13首现代诗，其中10首都是抒情诗。通过抒发诗人的主观思想感情来反映社会生活，往往情景交融，如《秋江的晚上》《绿》等。

4. 意象经营重于修辞

意，指心意；象，指物象。所谓意象，就是在主观意识中，被选择而有秩序地组织起来的客观现象。也就是，当你读着一首诗的时候，脑海中出现的那个画面，就是“象”。叶赛宁在《白桦》一诗中用“白桦”作为中心意象，从几个不同角度描写它的美。冰心的《繁星(七一)》用“明月”“藤萝叶”两个意象，构造出一幅温馨美好的画面。

二、统编版小学语文教材中现代诗歌的编排特点

扫码查看4-3
现代诗歌选文统计表

1. 分布年段集中

从现代诗的具体分布来看，统编版小学语文教材中的现代诗歌主要分布在中、高年级，四年级分布最为集中。这与学生阅读能力的发展水平和儿童心理的发展水平相一致。一、二年级主要是童诗童谣，三年级选编的《池子与河流》也常被视为儿童诗，但从教材编排特点来看，不难发现，此后四年级及以上年级入选的诗歌均为现代诗。

2. 诗作类型多样化

统编版教材中选编的现代诗歌都是中外典型诗人的典型代表诗作。从诗歌形式来看，有寓言诗、散文诗，尤以抒情诗为主；从诗歌主题来看，以描写自然景色以及抒发对祖国、自然的热爱为主；从诗人来看，以中国本土名家诗作为主，兼顾在中国诗坛影响力颇深的俄国和黎巴嫩诗人。

3. 引入“现代诗”概念

四年级上册第一单元第三课以《现代诗歌二首》作为课题，以刘大白的《秋晚的江上》和徐志摩的《花牛歌》为学习内容，从此，与以往课文中的儿童诗区分开来，有了“现代诗”的概念。小学统编教材四年级下册第三单元为现代诗单元，选入了现代诗歌《繁星》《绿》《白桦》。语文要素“初步了解现代诗的特点基础之上，体会诗歌表达的情感”，明确提出了“现代诗”的概念。

4. 出现现代诗歌综合性学习专题

四年级下册第三单元设置了一个诗歌综合性学习专题——“轻叩诗歌的大门”，设计了一系列活动，通过收集、创作诗歌、编排诗集，以及举办诗歌朗诵会，不断加强学生对现代诗歌的了解，激发他们对现代诗歌的兴趣，为他们打开走进现代诗歌的大门。

5. 诗人具有代表性

统编版教材中选编的现代诗歌作者都是中外诗坛名家，如戴望舒、艾青、冰心、纪伯伦等。

戴望舒在中国现代汉语诗坛的地位颇高，他连通了中国古典诗歌与西方现代诗歌，使中国新诗真正走上了“现代性”寻求的道路。诗歌《雨巷》更为他赢得了“雨巷诗人”的称号。四年级下册选入的《在天晴了的时候》，是戴望舒于 1944 年 6 月创作的。此诗依

次描写了雨后的小路、小草、小白菊、凤蝶等景物，写了雨后走过小径的独特感受。全诗用拟人手法和形象的语言，生动地描写了雨过天晴的景色，勾画出了一幅富有诗意的自然风光图。意象简明、寓意深刻，韵律和谐，读起来朗朗上口。

在中国新诗发展史上，艾青是继郭沫若、闻一多等著名诗人之后又一位推动一代诗风并产生重要影响的诗人，在世界上也享有盛誉。艾青的长诗《大堰河——我的保姆》，感情诚挚，诗风清新，轰动诗坛，是初中教材重要的选文。四年级诗歌单元选入艾青的名诗《绿》，这是学生第一次接触“散文诗”的概念，诗人用极富感染力的文字，描绘了春回大地、绿意盎然、万物充满生机的景象。全诗分五个小节，每节字数、句式不一，也没有讲究押韵，更显示出了语言文字的活泼与灵动。

散文诗影响颇大的世界著名诗人纪伯伦，其代表作《先知》《沙与沫》《泪与笑》都广为流传。其中《花之歌》是纪伯伦的散文诗集《组歌》中的一首，诗人用花的语言来叙述大自然的话语，文中尽显“纪伯伦风格”中的轻柔、凝练、隽秀与清新。诗人通过花语的清新流露，构建了一幅大自然活生生的图画。此诗被收录为部编语文教材六年级上册的第四课。

扫码查看4-4
现代诗教学“五读法”

三、现代诗歌的解读方法与策略

1. 关注结构，体会诗歌形式美

结构是构成现代诗歌美学的基本要素，包括诗歌的分行、分段、字数、重复等。四年级下册第九课《短诗三首》（如图 4 - 1），每首诗均为短短五行，从排列的形式看，错落有致，体现了诗歌的形式美。

繁星（七一）	繁星（一三一）	繁星（一五九）
这些事—— 是永不漫（màn）灭的 回忆： 月明的园中， 藤萝的叶下， 母亲的膝上。	大海啊！ 哪一颗星没有光？ 哪一朵花没有香？ 哪一次我的思潮里 没有你波涛（tāo）的 清响？	母亲啊！ 天上的风雨来了， 鸟儿躲到它的 巢里； 心中的风雨来了， 我只躲到你的 怀里。

图 4 - 1　统编版小学语文四年级下册《繁星》

2. 关注韵律，体会诗歌音乐美

无论是古代诗歌，还是现代诗歌，诗人在创作时都十分讲究韵律和谐，节奏鲜明，因此解读现代诗歌，也应关注诗歌的韵律，从而体会诗歌的音乐之美。以《延安，我把你追寻》为例，这首诗歌篇幅较长，有 6 个小节，但学生很爱读，诗歌整体读起来朗朗上口。整首诗每一小节的第二句、第四句都压在“ang”韵上，音韵和谐；每一节都保持一定的节奏“像/翩翩归来的/燕子，在追寻/昔日的春光；像/茁壮成长的/小树，在追寻/雨露和太阳”，节奏鲜明。在反复的朗读中，品味诗歌的语言美，感受诗人饱满的情绪，对延安精神的崇敬之情便能随之深入学生的内心。

3. 关注想象，体会诗歌的画面美

诗歌是最富想象力的，读现代诗，要寻着诗的语言，想象诗人描绘的画面，才能真正抵达诗人的情感世界。如在读《繁星（七十一）》的过程中，随着诗人的叙述“月明的园中，藤萝的叶下，母亲的膝上”，我们的脑海中自然就浮现出这样的画面：一轮明月高挂在花园上空，紫藤爬上高高的花架，母亲抱我于膝上，逗弄着我。这样温馨美好的画面，瞬间就把我们的思绪带回到记忆中，想起与母亲相处的点滴，心中流淌着母亲的温情，自然而然就走进了诗人的感情世界，达到了情感的共鸣。

4. 关注主题，体会诗歌思想美

诗歌自古以来就具有表情达意的功能，解读现代诗歌也要关注诗歌的主题。《繁星（一五九）》：“母亲啊！天上的风雨来了，鸟儿躲到它的巢里；心中的风雨来了，我只躲到你的怀里。”冰心以生动形象的比喻歌颂母爱，写得情真意切，感人肺腑。在《白桦》一诗中，叶赛宁用极具形象感的文字展现了白桦的高洁之美，字里行间流露出诗人对家乡和大自然的热爱之情。《延安，我把你追寻》以“追寻”为线索，追忆、歌颂并呼唤延安精神，警示人们“自力更生、艰苦奋斗、实事求是、全心全意为人民服务”的延安精神仍是我们的精神支柱，需要继承和发扬。只有体会到诗歌中饱含的热情，才算真正读懂了诗歌，才能真正走近诗人。

你能说出艾青的《绿》的主题吗？

四、现代诗歌课例分析——《绿》

扫码查看4-5 课文《绿》

《绿》是统编版小学语文四年级下册第三单元的第二篇课文，是著名现代诗人艾青的作品，诗人用极富感染力的文字，描绘了春回大地，绿意盎然，到处充满生机的景象。全诗共五个诗节，表达极具特色，诗人没有刻意追求诗句的韵脚和字数、行数的整齐划一，但是又运用有规律的排比，造成一种变化中的统一。

第一节借用“绿色的墨水瓶倒翻了”这一比喻，写眼前铺满绿色的感觉，仿佛绿色扑面而来。“到处”二字把目之所及处的绿呈现于读者的眼前。而句尾的省略号更是将读者的目光拓向更远处，引发读者对绿的各种想象。

色彩是艾青诗歌艺术表达的要素之一，带有鲜明的艺术美学倾向与追求。第二节写法上十分奇特，诗人连续运用六个形容绿色的词语——墨绿、浅绿、嫩绿、翠绿、淡绿、粉绿，写出了绿的深浅浓淡，体现出绿色的丰富。绿色在我们的眼中是最普通不过的颜色，可是在诗人的笔下却是那么的丰富、不同寻常。为什么会有这么多的绿呢？在哪里能见到这么多的绿呢？诗人给读者留下了丰富的想象空间，能让人联想到绿色的山林、绿色的原野、绿色的草地、绿色的柳条……通过想象，一幅幅绿色的画面在脑海中变得鲜明生动起来，从朴素的文字中可以感受独特而丰富的审美内涵。

第三节借用相同句式的叠加，写出了诗人对绿的感觉，表现出整个自然空间都充满了绿色。“刮的风是绿的，下的雨是绿的，流的水是绿的，阳光也是绿的。”风、雨、水、阳光都是没有颜色的，为什么在诗人的眼里都成了绿色的呢？具体了解这首诗歌的创作背景后，也许我们的体悟会更深刻。《绿》写于1979年，这一年对于诗人艾青来说意义重大。由于种种原因在1979年艾青写下了许多关于春天的诗歌，如《迎接一个迷人的春天》，在他的诗歌中涌动的都是蓬勃的生机和希望。同样，我们在这一节诗歌中也能跟随诗人的描绘走进那个充满生机的绿色世界，天空是绿色的，阳光是绿色的，大地是绿色的，水流也是绿色的，目之所及处处都是生生不息的希望。

第四节将所有的绿汇聚，写出了绿色聚集重叠的形态。一个“挤”字让脑海中静态的画面灵动起来，表现出绿的动态之美。第五节用“突然”一词转折，写出了所有的绿色在风中舞动的和谐与生命的活力。从诗歌的排列形式上，可以发现最后一行与其他诗行并未对齐，这实则是诗人的有意为之，“所有的绿就整齐地/按着节拍飘动在一起……”句式的错落，就像是风吹动了这所有的绿。

全诗以虚写实，诗人写出了对绿的赞美、对春天的讴歌，并将自己的感觉与景象的描绘融为一体，虽然没有一个具体的意象，却引发读者的丰富联想与想象，写出了绿的摇曳、绿的美幻、绿的闻风而动，乃至绿的生命，以及永恒的魅力！

第三节　古代诗歌

一、古代诗歌的文体知识

古诗，是古代中国诗歌的泛称。《诗经》是中国诗歌的滥觞，它随时代而演变，绵延不绝，先后出现楚辞、唐诗、宋词、元曲等一座座高峰。广义的古诗，包括诗、词、曲，狭义的古诗仅指古代人所作的古体诗和近体诗，小学语文统编教材中以近体诗为主。

（一）古代诗歌的分类

1. 按照表现形式分类：可分为古体诗、近体诗、词、曲

（1）古体诗

包括古诗（唐以前各种形式的诗歌）、楚辞、乐府诗。从诗句的字数看，有所谓四言诗、五言诗和七言诗等。如小学语文统编教材中编入的：一年级上册汉乐府的《江南》、二年级上册的《敕勒歌》、六年级下册的《迢迢牵牛星》。

（2）近体诗

包括绝句和律诗。绝句，有五言或七言之分，全诗四句，五言绝句首句一般不入韵，七言绝句首句入韵较多。平仄：一三五不论，二四六分明。小学语文统编教材中编入的古诗绝句占比最大，如五言绝句有二年级上册柳宗元的《江雪》、六年级上册孟浩然的《宿建德江》等；七言绝句有四年级下册王昌龄的《芙蓉楼送辛渐》、五年级下册李白的《黄鹤楼送孟浩然之广陵》、六年级下册韩翃的《寒食》等。

律诗也有五言或七言之分，全诗八句；押韵、对仗（对偶），即三、四句对仗，五、六句对仗。平仄：一三五不论，二四六分明。小学语文统编教材中编入的五言律诗有二年级下册白居易的《赋得古原草送别》节选、六年级上册孟浩然的《过故人庄》；七言律诗有五年级下册杜甫的《闻官军收河南河北》。律诗第一、二句叫首联，第三、四句叫颔联，第五、六句叫颈联，第七、八句叫尾联。

（3）词

词的名称有词初名曲、曲子、曲子词，简称“词”。词形成于唐，盛行于宋。其特点是调有定格，句有定数，字有定声。小学语文统编教材中编入的词仅有8首，如三年级下册白居易的《忆江南》、四年级下册辛弃疾的《清平乐·村居》、五年级上册纳兰性德的《长相思》、六年级上册辛弃疾的《西江月·夜行黄沙道中》。词的一段叫一阕或一片，第一段叫前阕、上阕、上片，第二段叫后阕、下阕、下片。词牌与词的形式有关，规定词的调、字数、平仄等；词的题目与内容有关。如辛弃疾的《西江月·夜行黄沙道中》的"西江月"是词牌名，"夜行黄沙道中"是题目。

（4）曲

曲又称为词余、乐府，出现于南宋和金代，盛行于元代，是受民间歌曲的影响而形成的，句法较词更为灵活，多用口语，用韵也更接近口语。元曲包括散曲和杂剧。散曲兴起于金，兴盛于元，体式与词相近，如马致远的《天净沙·秋思》。

2. 按照内容分类：可分为山水田园诗、咏物诗、抒情诗、叙事诗、送别诗、边塞诗等

山水田园诗以描写自然风光、农村景物以及安逸恬淡的隐居生活见长，以唐代王维、孟浩然，宋代杨万里为代表，如杨万里的《晓出净慈寺送林子方》、翁卷的《乡村四月》、范成大的《四时田园杂兴》。

咏物诗是托物言志的诗歌，通过对事物的咏叹体现人文思想，如郑燮的《竹石》、于谦的《石灰吟》、王冕的《墨梅》。

抒情诗以集中抒发诗人的思想感情为特征，侧重直抒胸臆，借景抒情，如表达思乡之情的《九月九日忆山东兄弟》《泊船瓜洲》，表达爱国之情的《示儿》《题临安邸》等。

送别诗是古代亲人朋友之间表达离情别意之诗。古代由于交通不便，通讯极不发达，往往一别数载难以相见，故古人特别看重离别，设酒饯别，折柳相送，吟诗话别，因此离情别绪就成了古代文人一个永恒的主题，如李白的《赠汪伦》、王维的《送元二使安西》等。

叙事诗是用诗的形式刻画人物，通过写人叙事来抒发情感，如汉乐府的《江南》、杜甫的《闻官军收河南河北》等。

边塞诗又称出塞诗，是以边疆地区军民生活和自然风光为题材的诗，如王昌龄的《出塞》、王翰的《凉州词》等。

（二）古代诗歌的文体特点

古诗是汉语言文学中特有的一种文体。它有特殊的表达形式，韵律和谐、语言凝练，有丰富的意象和深刻的情感，并有着区别于其他文体的自身特点。

1. **语言凝练**

古诗语言凝练、简洁。诗人注重字词的推敲，言简意丰，用极为有限的诗句表达尽可能多的意思。如杜甫的《春夜喜雨》中的“好雨知时节，当春乃发生”，读诗句时，眼前就能浮现出一幅春雨绵绵的美丽画面。作者更以一个“好”字，写出了春雨的灵性，赋予春雨以人的情感，它似乎知道人们盼雨，适时而降。既赞美春雨的可惜可贵，又抒发了作者见雨的喜悦之情。

2. **音韵和谐**

古人十分重视语言的音乐美，而这一点在古典诗歌中得到了完美的体现，主要表现在押韵、迭字、迭句、双声迭韵和顶真手法等方面。如白居易的《暮江吟》：“一道残阳铺水中，半江瑟瑟半江红。可怜九月初三夜，露似真珠月似弓。”句尾的“ang”韵，迭字“瑟瑟”，均使诗歌读起来朗朗上口，听起来声声悦耳。讲求语言的音乐美，不仅仅是为了顺口悦耳，更是为了文辞与音调的一致，用声音的美来加强所描写的内容，以及抒发情感的力量。

3. **意象丰富**

意象是指融入了作者情感的物象。诗中作者常常选取生活中看到的画面或物象，展开联想和想象，将自己的情感融进物象中，创造出意象，从而形成一种诗性空间给人以美感，即所谓诗歌的意境。如月亮是古今诗人最喜爱的诗歌意象之一，古人写思乡之情多以月为意象，如李白《静夜思》中的“举头望明月，低头思故乡”，王安石《泊船瓜洲》中的“春风又绿江南岸，明月何时照我还?”；再如“春风”，在王之涣《凉州词》中“羌笛何须怨杨柳，春风不度玉门关”，指的是皇上的恩典恩泽和朝廷的关怀。

4. **情感强烈**

古诗作为一种文学作品，反映的是作者内心深处的感情，抒情性是古诗最本质的待征。其他文学体裁中的抒情都不如诗歌来得强烈、直接。如诗中友情，王昌龄《芙蓉楼送辛渐》中的“洛阳亲友如相问，一片冰心在玉壶”；诗中亲情，王维《九月九日忆山东兄弟》中的“独在异乡为异客，每逢佳节倍思亲”；诗中言志，王冕《墨梅》中的“不要人夸好颜色，只留清气满乾坤”……这一句句饱含作者情感的诗句都是广为传诵的经典。

二、统编版小学语文教材中古诗的编排特点

古诗词是统编版小学语文教材中极其重要的组成部分，《义务教育语文课程标准(2022 年版)》中强调语文核心素养内涵包括文化自信、语言运用、思维能力和审美创造。古代诗词是中国古代文学的核心，诵读古代诗歌，可以让学生感受中华文化魅力，培养学生对中华文化生命力的坚定信心，更好地继承与弘扬中华传统文化。统编教材中古诗的编排有如下特点。

1. 分布广、数量多

纵观一至六年级教材中古诗分布(分布表见附录 1)，我们可以看出每册均安排了古诗词学习。其中一年级上册 6 首，一年级下册 7 首；二年级上、下册各为 7 首；三年级上、下册各为 9 首；四年级上、下册各为 9 首；五年级上册 11 首、五年级下册 10 首；六年级上册 10 首、六年级下册安排了“古诗词诵读”板块，共 17 首。随年段的上升，古诗文的数量、篇幅逐渐增加。

2. 出现方式不同

统编小学语文教材的 112 首古诗词分别编排在两个教学栏目中，一是作为课文出现，根据不同学段的教学目标，设置简单的课后习题，帮助学生掌握诗词基本内容；二是在“语文园地”的“日积月累”中作为学习资料，意在使学生接触更多古诗词。小学阶段新增的古诗则均匀地分布于这两个教学栏目中。也有附在教材后面作为选读，用于拓展延伸，如四年级上册《观潮》后的《浪淘沙》。

3. 体裁和表现内容逐渐丰富

考虑到学生的学习水平，古诗以短小精炼的五绝、七绝为主体，贯穿整个小学阶段，同时随着年段的上升，中年级段开始出现词这一体裁，高年段开始出现律诗、乐府诗、《诗经》等稍长、稍难的篇目。有《三字经》，有汉乐府，唐诗宋词更不必说。此外，古诗词表现内容逐渐丰富，有赞美祖国大好河山的，有表达爱国之情的，有体现友谊的，有传递学习技巧的。田园诗、送别诗、边塞诗、哲理诗、传统节日诗、状物写景诗都有涉及，纵观统编本教材的古诗文阅读篇目，我们会发现，编者经常会有意识地把同一题材的诗文编写在同一课。比如《咏柳》《宿新市徐公店》《春夜喜雨》呈现的是“春天”的主题，《夜书所见》《山行》呈现的是“秋天”的主题，《元日》《清明》《九月九日忆山东兄弟》都是传统节日，《出塞》《凉州词》《夏日绝句》都在传达向往和平之意，等等。这种编排方法为教师把几

首诗组合在一起学习提供了方便，同时也为学生的学习提供了更大的空间。

4. 理解要求由浅及深

随着篇幅的增加、体裁的丰富，对古诗文理解方面的要求也在逐渐提高，相应的教学目标和要求亦随之提升。通过循序渐进的编排，逐渐培养学生阅读古诗文的语感，从而为更高层次的学习奠定充分的基础。

三、古诗的解读方法与策略

准确理解诗文的内容，领会诗意的方法有很多，常用的方法主要有以下几种。

1. 正音成韵

所谓“书读百遍，其义自见”，古诗语言精练、概括、含蓄而有跳跃性，讲究平仄，严于用韵，在诵读中解决字音、字义，读出节奏、韵律，可初步理解诗句的意思，这也是解读古诗的首要任务。

(1) 读准古音字

汉字的读音在语言发展历程中不断变化，诵读古诗时要关注一些古音字。如《敕勒歌》中“天苍苍，野茫茫，风吹草低见牛羊”的“见”应读“xiàn”，通假于“现”，意为出现、显露；辛弃疾《西江月》中的“旧时茅店社林边，路转溪桥忽见”，其中的“见”，也读“xiàn”。但也有些读音在古代存在过，现代普通话中已经消失了，它们在古诗中表达的意思与现在的字义一致，没有发生改变，发音只是单纯的押韵，这些字的读音，小学统编教材中已经做了正音的调整，如杜牧《山行》中的“远上寒山石径斜，白云生处有人家”，元稹《菊花》中的“秋丛绕舍似陶家，遍绕篱边日渐斜”等，句中的“斜”古音为押韵应读作“xiá”，不能读“xié”；贺知章《回乡偶书》中的“少小离家老大回，乡音无改鬓毛衰”，句中“衰”，古音读“cuī”，今音读“shuāi”。

还有一些读音虽取消了，但因涉及内容理解的问题，所以我们应根据所表达的意思来读音。如“骑”，古代有两个读音：一读“qí”，作动词，指一种两腿跨坐的动作；一读“jì”，作名词，指供人骑的马，或骑马的人，或一人一马的合称。可国家语委等部门公布的《普通话异读词审音表》中，废“jì”，统读“qí”。若都读“qí”，那字的含义就发生了改变，诗意也就发生了改变，所以我们还是应该根据字在古诗中所表示的意思来确定，如卢纶《塞下曲》中的“欲将轻骑逐，大雪满弓刀”，诗中的“骑”就应读作“jì”。如果读成“qí”，不仅影响我们对作品的认识与理解，也影响作品的审美价值，而袁枚《所见》中的“牧童骑黄牛，歌声振林樾”就应读“qí”。还有些多音字也应根据诗意，读准字音，如《出塞曲》中的“但使龙城飞将在，不教胡马度阴山”中“教”，是“不让、不使”之义，应读“jiào”。

（2）读准单音节词

古代有些单音节词，两个词语连在一起，很像现代汉语的双音节词，如杜甫《闻官军收河南河北》中的“妻子”和“衣裳”。在现代汉语中，“妻子”和“衣裳”是两个双音节词，它们的后一个字“子”“裳”都读轻声。在古代，“妻子”是两个单音节词，分别表示“妻子”和“子女”；“衣裳”在古代也是两个单音节词，“衣”是穿在上身的服饰，“裳”是穿在下半身的服饰。因此，诗中的“子”“裳”作为单音节词，不能读作轻声，应读“zǐ”“cháng”。

（3）读好节奏

读好诗句的节奏和停顿，同样能帮助我们准确理解诗词。如李白的《古朗月行》，应读“古/朗月行”，因为“朗月行”是乐府古题，这样就理解了文题。诗句的节奏划分也可以按音节和意义两方面来划分。比如五言诗，从音节上“迟日/江山/丽，春风/花草/香”；七言诗，“碧玉/妆成/一树高，万条/垂下/绿丝绦”。可有些诗句不能完全按音节，如“七八个星/天外，两三点雨/山前”，不能读成“七八/个星/天外，两三/点雨/山前”。在实际运用中，要注意以意义划分为主，以音节划分为辅。

2. 释词明义

理解诗歌的意思是故事解读的重点也是难点，以下几种方法可以帮助我们准确地读懂诗意。

（1）抓诗题

小学阶段的古诗内容短小精炼，诗题通常具有高度的概括作用，能够起到统领全诗的作用。因此解读诗题是解读古诗内容的关键。有的诗题概括了古诗的主要内容，如《黄鹤楼送孟浩然之广陵》《咏柳》；有的诗题揭示了写作的时间、地点、对象、事件等，如《秋夜出篱门迎凉有感》《九月九日忆山东兄弟》；有的诗题奠定了古诗的情感基调，如《春夜喜雨》《忆江南》；有的诗题交代了古诗的题材、体裁，如《绝句》《西江月·夜行黄沙道中》。从诗题切入，就能准确把握古诗的主要内容和情感基调。

（2）看注释

诗词中一些关键或生僻的词，教材中都会有注释。如古今字义有别的字词：李白《夜宿山寺》的“危楼高百尺，手可摘星辰”中，“危”是“高”的意思；杜牧《山行》的“停车坐爱枫林晚，霜叶红于二月花”中，“坐”是“因为”的意思；白居易《暮江吟》的“可怜九月初三夜，露似珍珠月似弓”中，“可怜”是指“可爱”；叶绍翁《游园不值》的“值”是“遇到”之义。有时也可以借助这些关键注释正确解读出诗句的意思。

（3）抓诗眼

古诗词中一个字或一个词往往就是一幅画、一个生活的场景，因此，解读古诗词的最佳途径，就是把想象画面与体会含义统一起来，一首诗词值得品味的细节很多，而我们可以牢抓“牵一发而动全身”的关键字或词，就是我们常说的“诗眼”去解读。如《清平乐·村居》，整首词体现的是词人辛弃疾对其乐融融的乡村生活画卷的喜爱之情，词末“最喜小儿无赖”中的一个“喜”字就较好地传达出了这一点，牢抓一个“喜”字，我们就能很自然地体悟到作者对小儿子和乡村生活的喜爱之情。像这类显性的关键词，如愁、喜、思、怜、闲、怅、忧等字眼的词语，直接表达了诗歌蕴含的情感，可以让我们准确判断诗词的情感类型，因此，我们在解读时可以关注这些“情语”。

你能找出《枫桥夜泊》的诗眼吗？

枫桥夜泊

［唐］张继

月落乌啼霜满天，
江枫渔火对愁眠。
姑苏城外寒山寺，
夜半钟声到客船。

3. 想象补白

解读诗词时，由“此”想开去，是一种很有效的解读方法。统编教材中三年级下册的第一单元，单元语文要素是“一边读一边想象画面”，这个单元编排了三首古诗《绝句》《惠崇春江晚景》《三衢道中》，解读这三首古诗时，可以通过想象诗句中描写的景象来理解诗句，如《绝句》中：“泥融飞燕子，沙暖睡鸳鸯。”读这两句诗时你眼前会浮现怎样的画面？展开想象，联系生活实际，你也就能体会到作者所描绘的景象、意境了。再如解读《清平乐·村居》时，可以抓住“相媚好”这个词语，想象诗歌描述的具体情景，联系生活实际，想象“翁”与“媪”在一起会相互说着怎样的话等，穿越时空，把生活场景迁移到诗中，就能轻松理解诗人所描绘的祥和宁静的乡村生活景象。

4. 意象悟情

意象表情是古诗最大的文体特征。“意”是指内在的抽象的心思，“象”是外在的具体的物象。意象就是诗歌看得见的灵魂，抓住一首诗的意象就仿佛获得了解读这首诗的一把钥匙。花鸟虫鱼、梅兰松竹、风花雪月，都成了诗人作品中的意象。中国的诗中意象，首推明月，它是思乡的代名词。“举头望明月，低头思故乡”“露从今夜白，月是故乡明”。此外，“柳”与“留”二字谐音，暗喻离别不舍之情，如《送元二使安西》中“渭城朝雨浥轻尘，客舍青青柳色新”等。“菊花”“梅花”“荷花”也常被诗人们垂青，成了中国文人人格与气节的写照。如果解读古诗时，能紧扣这些特殊意象的象征性，诗歌的内在情感也就能自然而然感悟出了。对于古诗词的品读，诗画转换、立象尽意，是不二法则。

知识小卡片

读读这首意象表达诗，你能对古诗意象有更全面的了解。

松梅竹菊寓高洁，借月托雁寄相思。
杜鹃鹧鸪啼凄凄，梧桐叶落透悲意。
别时长亭柳依依，落花流水传愁绪。
乌鸦燕子系兴衰，草木仍在人事移。

5. **知人论世**

古人作诗有其背景，要真正读懂一首诗，解读时必须去了解诗人，了解诗人的思想性格、遭遇、境况，了解诗人所处朝代的国势、朝政等。知道了人与世，才能更深刻地理解诗词，更准确体会诗词的情感。在小学语文统编教材中，五年级上册第四单元也以单元语文要素提出了这样的学习要求：“结合资料，体会课文表达的思想感情。”这个单元的三首古诗——《示儿》《题临安邸》《己亥杂诗》，我们解读时就要有意识地搜集相关创作背景，如解读陆游《示儿》时，了解他的生平、经历、性格，了解他生活的朝代、经历的事情后，再读《示儿》就能更深刻理解诗人所期盼的，体会到他如此炽烈的爱国之情；六年级上册《闻官军收河南河北》这首诗，我们若能了解当时的社会背景，了解“安史之乱”才能更加真切地体悟诗人所写的“漫卷诗书喜欲狂”中这“喜”的情感。因此，只有在了解了诗人，了解了时代背景的前提下，才能更深刻地理解诗词，感悟诗词所传达的情感。

三、古诗解读课例分析——《示儿》

统编版小学语文五年级上册第四单元以“爱国情怀”为主题，《示儿》是古诗三首中的第一首，是陆游八十五岁临终前写给儿子的绝笔诗。

1. **知诗人，看背景，悟诗情**

本单元的语文要素是“结合资料，体会课文表达的思想感情”。

在学习前可以寻找一些相关资料，结合资料去了解写作背景，了解诗人，从而更好地理解诗句意思，体会诗人的爱国之情，所谓“知人论世”。

陆游（1125—1210），时年85岁，字务观，南宋文学家、史学家、爱国诗人。他出生于两宋之交，成长在偏安的南宋，民族的矛盾、国家的不幸、家庭的流离，给他幼小的心灵带来了不可磨灭的印记。他自小深受家庭爱国思想熏陶，早就树立了抗战复国的思想。他始终主张抗金，招致了当权派的忌恨，仕途坎坷，从未得到重用。陆游一生笔耕不辍，留存于世的作品多达9300多篇，诗词文皆有很高成就，其诗语言平易晓畅、章法整饬谨严，兼具李白的雄奇奔放与杜甫的沉郁悲凉，尤以饱含爱国热情而对后世影响深远。

初读《示儿》，我们就能从诗歌的字里行间感受到诗人的爱国热情，带着这样的情感体会，进一步解读诗歌，去寻找具体表现诗人爱国之情的印证。

2. 解诗题，明诗意，感真情

这首古诗的题目意思简单明了，就是“写给儿子们看”。它既是陆游的绝笔，又是陆游的遗嘱。在生命弥留之际，陆游为什么要给儿子写诗？他想对儿子说什么呢？带着这样的疑问，我们继续去品读诗歌，走进诗人的情感世界。

一说遗憾，“死去元知万事空，但悲不见九州同”。原本就知道人死后就什么也没有了，什么都可以放下，只是感到悲伤，没有看见国家统一。“元知万事空”这话看来平常，但对全诗来说非常重要。“元”“空”二字不但写出了诗人生而无惧、死而无畏的生死观，更重要的是与下文的“悲”形成鲜明的对比，衬托出诗人那种“不见九州同”则死不瞑目的深深遗憾。这句中的“悲”字是句眼，抓住这个“悲”字，就能体会诗人临终前的悲痛、悲怆、悲愤，他所“悲”的不是个人生死，而是没有看见祖国统一，由此，我们便能感受到诗人对南宋统治者的屈辱求和、偏安江左，不去收复失地的无尽的悲愤。

二说希望，“王师北定中原日，家祭无忘告乃翁”。诗人以热切期望的语气表达了自己的希望，待到宋朝的军队平定中原，收复失地，家祭时千万别忘记把这个喜讯告诉我。三、四句来了个大幅度的时空跳跃，由生前转为死后，“北定中原日”定要“家祭无忘告乃翁”，由“但悲”到“无忘”，诗人的情感也由悲愤、绝望转为舒心、希望、期盼，可见其驱除鞑虏、统一河山的人生目标。陆游真是矢志不忘、至死不渝，其爱国激情是何等的执着、深沉、热烈、真挚。

《示儿》不假雕琢，直抒胸臆，短短的四句，诗人将自己一生的政治抱负和爱国思想表达得淋漓尽致。热诚、深厚、强烈的爱国情，以平淡、朴素的话语说出，这是遗嘱，也是诗人发出的最后的抗战号召，这样的写作视角让这首诗更加真切感人。

思考与练习

1. 不少人都认为，儿童诗歌内容简单，学生在学习的时候也很容易接受，只要多读读、多背背就完全够了，不需要花太多的功夫去分析。你赞同这种看法吗？为什么？

2. 朗读徐志摩的《秋晚的江上》，说一说诗中描写了哪些景物，这些景物构成了怎样的画面？

秋晚的江上

归巢的鸟儿，
尽管是倦了，
还驮着斜阳回去。

双翅一翻，
把斜阳掉在江上；
头白的芦苇，
也妆成一瞬的红颜了。

3. 根据本章所学，谈谈可以从哪些角度去解读古诗，并试着解读王安石的《泊船瓜洲》。

泊船瓜洲

【宋】王安石

京口瓜洲一水间，钟山只隔数重山。
春风又绿江南岸，明月何时照我还。

第五章 散文类文本分析

本章导读

散文，历来是小学语文教材中比重较大的文体，它语言优美，情感真挚，表现手法独特，对小学生的思维发展、个性成长有着重要的意义。散文的阅读为儿童提供了真实、个性、幻想的美妙体验，丰富了儿童的精神世界，给儿童提供了成长的养料。统编教材中编排的诸多散文，是对学生进行语言文学知识学习、语文思维能力锻炼和写作素养提升的颇佳资源，更是提高学生语文素养的重要载体。

学习目标

1. 掌握散文的定义、类型及文体特征，在教材解读时，能够快速准确分辨散文文体。

2. 了解统编版小学语文教材中散文选材情况及编排特点，掌握散文文本分析的方法和策略。

3. 能够运用恰当的方法，解读统编版小学语文教材中的散文，培养文学鉴赏能力和审美情趣。

4. 阅读散文，进行由此及彼，举一反三的想象、联想和补充，丰富作品的意境和形象，培养语言直觉，提高语言表现力和创造力，提高形象思维能力。

思政目标

1. 品读散文，感受语言文字的丰富内涵，热爱国家通用语言文字，树立学生的文化自信，对中华文化的生命力有坚定信心。

2. 赏析散文，获得较为丰富的审美体验，具有初步的感受美、发现美和运用语言文字表现美、创造美的能力，具备健康的审美意识和审美观念。

第一节 散文的文体知识

一、散文的定义

散文是一种取材广泛、写法自由、个性鲜明、文情并茂的文学体裁。散文作为一个文体概念，在文学史上经历了漫长的演变过程。该词大概出现在北宋太平兴国(976 年—984 年)时期。

《辞海》中认为：中国六朝以来，为区别韵文与骈文，把不押韵、不重排偶的散体文章(包括经传史书)，统称“散文”。后又泛指诗歌以外的所有文学体裁。刘勰在《文心雕龙总术》中说：“今之常言，有文有笔，以为无韵者笔也，有韵者文也。”这里的“笔”指各种散体文章，所谓“非韵则散”，“有韵”“无韵”成为划分韵文散文的标准。近代一般都把散文作为和诗歌、小说、戏剧对应的一种文学体式。

童庆炳教授认为：“散文有广义的散文和狭义的散文。广义的散文包括诗歌以外的一切文学作品，狭义的散文即文学意义上的散文，是指与诗歌、小说、剧本等并列的一种文学样式，包括抒情散文、叙事散文、游记等。”通常情况下，散文指的就是现当代散文。

王荣生教授认为：“散文并不是严格意义上的文体概念，只是文学实践中约定俗成的文类概念。”

可见散文在中国文学史上具有非常重要的地位，但又是难以被准确定义的。

二、散文的分类

一般认为小学语文教材中的散文是一种儿童散文，从内容和表达方式的角度来划分，可以将其分为叙事型、写景状物型、抒情型、议论型四种类型。

1. 叙事散文

在内容上以记人、叙事为主，表达方式上侧重于叙述、描写。其基本特点是：记人物的言语活动，叙事件的发展过程，一般无完整的故事情节，不同于小说以情节取胜，往往截取生活中的某些片断、某些细节，或摄取几个镜头，用一条线索将人与事串联起来，以表达作者对生活的认识和感受。如六年级下册中老舍的《北京的春节》、五年级上册中许地山的《落花生》、吴冠中的《父爱之舟》等。

2. 写景状物散文

写景散文是以叙述风景为主的儿童散文。这类文章多在描绘景物的同时抒发感情，或借景抒情，或寓情于景，抓住景物的特征，按照时间顺序、空间的变换顺序等，把观察的变化作为全文的脉络。如三年级上册的《秋天的雨》《富饶的西沙群岛》、五年级上册中清少纳言的《四季之美》、巴金的《鸟的天堂》等。

状物型散文内容上对具体事物进行记叙和描绘，但通常没有贯穿全篇的情节。这类散文将童趣、感情、知识等附着于对动物、植物和其他客观事物的描摹中。例如，四年级下册中老舍的《猫》《母鸡》、丰子恺的《白鹅》，五年级上册中郭沫若的《白鹭》、冯骥才的《珍珠鸟》等。

3. 抒情散文

以抒情为主，表达方式重在抒发作者的内心感受和主观情感的散文。其基本特点是：作者的情感和情绪缘事、缘人、缘物、缘景而发，或直抒胸臆，或托物言志，或借景抒情，终归离不开一个"情"字。作者的主观情感流溢于叙写文字之中，大量运用抒情笔法，以情感人、以情动人、以情魅人，如六年级下册中朱自清的《匆匆》、鲁迅的《好的故事》等。

4. 议论散文

议论散文主要用文学语言发表作者对生活的见解，表达方式较多使用议论。议论散文区别于一般议论文的地方在于：议论散文用作者直接感知的事实说理并结合文学语言和文学意象进行形象的、侧重于情感感染的说理，如六年级下册中的《真理诞生于一百个问号之后》。

三、散文的文体特点

1. 取材广泛

散文比起小说、戏剧等文学体裁，取材的天地极为广阔，这是它的优势。一人、一物、一事、一景，都可以构制新篇，即如一言一动之微，一沙一石之细，亦可以点化成文。总之，举凡国际国内大事，社会家庭细故，掀天之浪，一物之微，自己的一段经历，一丝感触，一撮悲欢，一星冥想，往日的凄凉，今朝的欢快，都可以移于纸上，贡献给读者。郁达夫在“新文学大系”散文二集“导言”里所引用的“一粒沙里见世界，半瓣花上说人情”的话，就极为形象地反映和揭示了散文取材广泛的特点。

2. **个性鲜明**

郁达夫在论述现代散文特征时说：“现代散文之最大特征，是每一个作家的每一篇散文里所表现的个性，比从前的任何散文都来得强。”散文写作大多采用第一人称，写“我”的“自得”之见，抒“我”的“自然”之情，用“我”的“自由”之笔，显“我”的“自在”之趣。“我”是中心，既是“叙述”主体，也是“表现”主体；状物、写景，以“我”观物，一切理应“着我之色”；记事、写人，“我”是目击者、参与者，无论人、事都经过“我”眼睛的折光，心灵的过滤，大脑的评断，是“我”心目中的“人”，“我”感受着的“事”。总之，不能“忘我”“无我”。贾平凹先生将自己的散文集命名为《爱迹》《踪迹》《文迹》《人迹》，其实他要表达的是自己的心迹。他说：“散文和小说比，小说是虚构的东西，散文则更多的是作者跳出来的……我在心情不好时写散文多，因为写散文需要真情，心情不好，心中有块垒的时候，就通过写散文去倾诉和宣泄。”五年级上册就收录了他写的一篇散文《月迹》。

3. **写法自由**

写法自由，包括散文结构的灵活与散文手法的多样两个方面。散文无定体，笔法无定格，这正是散文形式自由的表现。优秀的散文作者，总是在平素的生活事件之中，把自己的所见所闻随手拈来，生发开去，任情挥洒、不拘一格。作者的一管笔，时而倒叙联想，时而侃侃议论，时而直抒情怀，恰如“行云流水”那样，行止自如，姿态横生。“常行于所当行，常止于所不可不止。”罗大冈先生说：“散文妙用，在于一个‘散’字，应用文是赶路，散文是散步，赶路有目的地，有固定的路线，赶路要求通过正确的路线，以最短的时间，稳而准地到达目的地。散步不一定需要目的地，随兴所至，走到哪里就是哪里，也不一定要固定的路线，一路走来，傍花随柳，东张西望，路愈曲折愈有情趣，不必顾虑到达目的地需要多长时间。”

4. **文情并茂**

文情是散文区别于其他叙事文学的主要之点。散文以抒情取胜，作者以抒情见长，“情”是散文的“种子”，散文是“情”的结晶；散文以“情”为起点，又以“情”为指归。因此，散文以情感人，以情魅人。散文既不像小说，以生动曲折的故事情节和性格鲜明的人物形象引人入胜，也不像戏剧，以强烈尖锐的戏剧冲突扣人心弦。它之所以能产生一种迷人的艺术魅力，就在于作者在散文中精心描绘的诗情画意和自然流露的真情实感。“佳作每自真情出”，为文造情，虚假之情，是散文写作的大敌。

散文的情采决定了散文的文采，散文的真情实感，还必须通过优美的语言和特殊的文笔予以真切地表达，这就是我们常说的“散文笔调”。其特点是：清新明丽，空灵奔放；朴素不失于文采，灵活又不失于严谨；富于音律感。

四、统编版小学语文教材中散文文本的编排特点

扫码查看5-1
散文选文统计表

（一）散文数量及分布特点

散文文本在小学语文教材中占有很大的比重，从一年级开始就存在于课本里。统编小学语文教科书散文选文数量及比例统计见表 5-1（只统计了课文部分的散文篇目，散文诗和文言文在教学中略有差异，故未作为散文统计）。

表 5-1　统编版小学语文教科书散文选文数量及学段分布统计表

年级	散文篇目	课文总篇目	所占比例(%)
一年级	10	35	28.6
二年级	17	49	34.7
三年级	28	55	50.9
四年级	20	55	36.4
五年级	19	50	38.0
六年级	11	45	24.4
合计	105	289	36.3

从表 5-1 可以看出，小学语文统编版 12 册教科书共有 289 篇课文，其中散文有 105 篇，占 36.3%。小学儿童正处于身心发展的关键期，散文的学习与鉴赏不仅有利于培养儿童的汉语语感，也有利于提升其阅读理解能力，进而提升审美感悟力。相对小学阶段其他文体而言，小学阶段的散文多以语言活泼优美、抒情性极强的类型为主，较易为学生所接受和吸收。

从表 5-1 中我们可以直观看到，小学低学段散文篇目相对较少，是因为这个阶段的儿童年龄尚小，适合阅读具体、直观、形象的故事性文章或童谣。在中学段，散文的选文数量逐渐增加，数量占

比越来越大，到高学段又逐渐减少。低年级学生有拼音、识字等基础要求，对于中长篇阅读的接受能力有限，因此在一、二年级，散文并不作为学生的主要学习内容。到三、四年级，学生有了一定的学习经验，他们的学习能力、感受能力、思维水平有了一定的基础。中学段又是学生各种能力快速提升的阶段，结合散文篇幅不长、感染力强且包含哲理等自身优势，故在此阶段散文篇目的编选达到高峰。高学段的散文篇章不及中学段的比例，是因为此阶段的儿童抽象思维逐渐发展，各项认知能力相对低、中学段更成熟，教材增添了说明文、文言文、议论文等文体，从不同方面提高儿童的发展水平。其他文体选篇增多，因而高学段散文选篇有所下降。

综上所述，小学阶段散文选文的数量分布，呈现先上升，到中学段陡然上升到达顶峰，到高学段缓慢下降的趋势。这样的篇目设置是较为合理的，对学生的身心发展和教师的教学都有很大的帮助。

表 5-2　统编版小学语文教科书各类散文选文数量及比例统计表

年级	叙事性散文	写景散文	状物散文	抒情类散文	散文篇目
一年级	9	1	0	0	10
二年级	13	4	0	0	17
三年级	13	10	5	0	28
四年级	9	7	4	0	20
五年级	11	5	3	0	19
六年级	8	1	0	2	11
合计	63	28	12	2	105

从表 5-2 我们可以看出，在统编版小学语文教科书中叙事性散文占比最大，这是因为小学叙事型散文一般具有很强的可读性，贴近小学生的生活实际，对小学生阅读能力的提高有不可替代的作用。写景、状物型散文分布在各年级，以中年级段偏多，抒情性散文集中分布在六年级，这样的分布与安排同学生的身心发展需求相适应。

（二）散文主题特点

通过对统编版小学语文教科书中的 105 篇散文梳理，根据各单元的人文主题，大致可以将散文主题总结为四大类：自然与世界、生活与万物、情感与发现、家国与情怀。

通过对主题的整理可以发现，生活与万物主题、情感与发现主题占比较多，说明统编小学语文教科书中，散文的主题贴合儿童生活。从儿童实际出发，更利于儿童对散文的理解和感受，这样教学进行起来也更加顺利。

请你梳理归纳统编版小学语文教材中以家国情怀为主题的单元。

《义务教育语文课程标准（2022 年版）》要求：学习叙写大自然的短文，感受、欣赏大自然的奇妙与美好。在统编教材中，我们发现散文文本通过对美丽风景的描写和刻画，侧重于让儿童领略散文内容之美、形象之美、语言之美、意境之美，这和散文本身的特点不谋而合，符合儿童身心发展阶段认知，满足了学生的求知欲，有助于培养学生的语言学习和运用能力，提升学生的审美品位。

相对其他主题来说，家国与情怀的主题多以整个单元的形式存在。这样的编排有利于培养学生的文化自信、民族自信。

（三）选文中形象的特点

散文中的形象包括人物形象和物象两种，散文的物象就是散文中所出现的具体景物、事物形象，可以分为人物、事物、动物、植物、天象、景物、季节七类。统编版小学语文教材中散文的形象主要是物象。

小学阶段这样编排是为了引导学生留心观察周围世界，感知生活，丰富语言，提升审美。统编教材中所选取的散文文质兼美，观照儿童世界，适合儿童学习。如萧红的《火烧云》描写了儿童常见的晚霞之景，全文层次分明，色彩绚丽，语言优美，想象力丰富，让儿童仿佛置身于普通而又奇异的景色中。陈诗哥的《宇宙的另一边》以天马行空的想象和“倒影”的手法，带领学生走进想象的世界，想象宇宙的另一边是什么样子的，全篇采用词语加法和诗句乘法独特构思，触发儿童想象的乐趣。

可见，散文选文依托于具体的人、事、物、景来表现童心、童趣，多角度表现儿童的精神世界，关注儿童的认知，激发儿童的兴趣，尊重儿童的感受，引发儿童的共鸣。让儿童在散文学习的过程中，走进作者描绘的独特“世界”，领略散文独特的“美”，不断提高自身的精神境界，端正自身的人生观、社会观和世界观。

第二节 叙事性散文文本解读

一、叙事性散文的解读方法与策略

叙事性散文将叙事与抒情有机结合起来，在小学阶段，叙事性散文是以记叙、描写为主要表达方式，以写人、记事为主要内容的一种文体。因此，我们可从找线索理思路、品形象悟立意、寻视角明立场来进行文本解读。

（一）找线索，理思路

1. 紧扣标题

文章的标题，和眼睛一样，是整篇文章的灵魂；是文章内容、写作风格、作者意图直接或者间接的表现。标题虽然不能涵盖文章的所有内容，但仍是作者用来抒发情感的关键，所谓“文好题一半”就是这个道理。叙事性散文的标题大多数是简洁凝练、清晰明了的。如《梅花魂》一文，作者用题目中的“梅花”作为贯穿全文的叙事线索，串起吟诗落泪、珍爱梅图、思国伤感、离别赠图、送血梅绢这五件事。一个个故事组合在一起，勾勒出一位眷念祖国的海外游子形象。祖父爱梅花，因为梅花是中华民族的精神象征，在祖父的心中，梅花就代表了祖国。题目中的“魂”作为题眼，代表了梅花与祖父相互交融，梅花魂早已注入祖父生命中，同时这也是我们感受祖父丰富内心世界的窗口。读懂了文题，就能更深入地理解文章的主旨和情感。

2. 抓住“关键句”

所谓“关键句”，主要是指文中那些能揭示题意、点明主旨、归纳要点、承前启后的语句。它包含了文章的重要内容或中心思想，是一篇文章的灵魂所在。阅读文章时，如果能够快速抓准文章的关键句，就能从整体把握文章内容，理解文章观点，体悟作者情感。

（1）从文章结构中找

“关键句”一般为出现在文章开头或结尾部分直接点明文章主旨的总起句、总结句；出现在文章中间，承上启下起到推进作用或连缀思路的句子；文章开头和结尾相互照应的语句。如《青山不老》一课，关键句在文章末尾："青山是不会老的。"这既是文章的主旨，也与题目"青山不老"相呼应。我们不仅要理解"青山是不会老的"中"不会老"的本义：巍巍高山，苍翠不老。还要抓住"不会老"去文章中寻找暗含"不会老"的语句。明白老人用十五年的时间在自然环境恶劣、生活艰苦的晋西北，奇迹般地创造了这片绿洲，用有限的生命创造了无限的价值。老农不仅留下了这片青山，还留下了更为宝贵的东西——与恶劣环境做斗争的不屈精神、保护环境造福后代的奉献精神。从而知道文章中"不会老"实际上是暗示着老人的生命永恒、老人的精神与山川共存。

（2）从情感表达中找

"关键句"可能是文中反复出现的抒发情感的语句；文中直接或间接抒发情感、发表观点的语句。抓住关键词句，能帮助我们理清层次，概括内容，分析语言特点，领悟文章情感。如《走月亮》一课，"啊，我和阿妈走月亮……"这句话在全文中一共出现四次，它是贯穿全文的线索，也是作者情感的流露。这句话反反复复出现，不但将美丽的景色、真挚的情感串联起来，描绘出静谧、恬淡的意境，而且使文章语言富有节奏感和音律美，让人读起来意蕴悠长。淋漓尽致地表现出了"我"和"阿妈"走月亮时的浓得化不开的幸福感，每个人读完之后也包裹在浓浓的暖意中。

3. 梳理思路

小学语文课文中的叙事性散文多为写人、记事，我们可以根据六要素来梳理文章脉络。六要素是指时间、地点、人物、事情的起因、经过、结果。

写人离不开写事，想要读透叙事性散文，就要理清文中的"事"。在统编版小学语文教材中叙事性散文大多叙事并不复杂，如《陀螺》一课，就是以陀螺为线索，叙述了"我"在一次陀螺比赛中，用一只其貌不扬的小陀螺打败一个大陀螺的事情，从而悟出"人不可貌相，海水不可斗量"这个深刻道理。虽然"我"心情变化丰富，但主线非常清晰，叙事悟理一气呵成。高学段中部分散文选文中的"事"不止一件，如《落花生》一课，体会作者以"落花生"为线索，按"种花生—收花生—尝花生—议花生"事情发展顺序，在和家人的交谈中，议论花生的好处，借物喻人，阐明做人之道。《北京的春节》以时间为线，以人们的活动为轴，向我们铺开了春节热闹欢庆的画卷，展现了中华传统节日中丰富多彩的民风民俗。

（二）品形象，悟立意

在叙事散文的文本解读中，要正确把握其文本特点。叙事性散文有着鲜明的主题、鲜活的形象等。

1. 主题

以写人记事为主的散文，对人和事的叙述和描绘较为具体、突出，同时表现作者的认识和感受，带有浓厚的抒情成分，字里行间蕴含饱满的感情。在叙事的同时也在抒情，可以说文中的每一件小事都饱含深情，这些情往往是细微之情，不显山、不露水地融入事或景中。如《桂花雨》一课中就包含了几件事：赏桂花、摇桂花、晒桂花、藏桂花、品桂花、忆桂花。"摇桂花"一节，语言清新，情感真挚，让我们感受到童年时代小琦君的那份快乐和纯真。但文中还有一些更琐碎的往事也值得关注，如晒桂花、藏桂花、品桂花等，琐事中藏有母女深情，藏有成年琦君深深的思乡之情。理清文中事，进而读懂文中情。

2. 形象

统编版小学语文教材中所选择的叙事性散文，大多带有回忆色彩，内容也多和亲人、家庭有关，贴近学生生活，情感真挚。叙事性散文写人，既可以以人为中心，也可以把人物置身于叙事中，在叙事的过程中刻画人物。对人物的描写，往往抓住人物的性格特征做粗线条勾勒，不像小说那样细腻地刻画人物形象，而是偏重表现人物的基本气质、性格和精神面貌（小说是"塑造"人物，散文是"展示"人物）。如《十六年前的回忆》，作者李星华写了作为父亲的李大钊对家人的关怀、爱护，作为革命者的李大钊对革命事业的忠诚，同时也表达了作者对父亲的敬仰与深切怀念之情。

（三）寻视角，明立场

作为教师，我们在上课之前需要深入、准确地进行文本细读。如何去细读文本？可以从读者、教师、学生三种视角来进行。

1. 以普通读者的视角来解读文本

此时需要读懂作者的写作意图，读懂文本的价值取向，读懂文本的语言文字，并去揣摩文本语言文字的表层和深层的意思；可以联系作者的生平经历、写作背景，思考作者写作文本的具体用意，思考他的情感世界；可以调动自己已有的知识经验来思考评判文本透露出的情感态度和价值观。如琦君的《桂花雨》一文，写了琦君的三个时期，一个是在老家摇着桂花天真烂漫的小琦君，一个是搬到杭州的闻着桂花香的少女琦君，最后一个是写此文章但身居台湾不得回归故土的老年琦君。文中大量描写童年时代小琦君看到的人、事、景，“这里的桂花再香，也比不上家乡院子里的桂花”，那份回不去的时光，回不到的故土，最是打动人心。

请你从不同的视角来解读五年级上册的《父爱之舟》。

2. 以教师的视角来解读文本

把文本当作学习语文、增加语文素材的范文来解读，可以结合具体的语文教学目标、教学侧重点、教学内容的取舍等来解读文本。在解读的时候，可以思考创设怎样的学习情境，预设怎样的教学流程等课堂教学问题。这样去解读课文，就可以更好地为我们的教学服务。如三年级下册《宇宙的另一边》，这篇文章放在习作单元，单元目标是感受想象的神奇，创造自己的想象世界。作为教师，我们的文本解读就以发现文章的写作方法为核心，通过研读我们发现这篇文章进行了反向想象：我从书包拿出作业本，宇宙另一边的我把作业放回书包。以此制订教学目标：试着学习反向想象。

3. 以学生的视角来解读文本

在解读文本时尊重学生的认知心理和学习习惯，从学生的角度去思考：假如让他们来读这个文本，他们会怎样解读？他们有哪些不懂的地方？他们会提出什么问题？他们会误读吗？……教师对文本的解读可以非常深刻和独到，但我们时刻不能忘记我们面对的是儿童，他们有自己熟悉世界的方式，我们不能把成人的方式强加给孩子。同时我们也要考虑到儿童具有丰富的想象力，往往能够把一些简单、平常的东西变成特别神奇的东西。如朱自清先生的《匆匆》，写于五四运动落潮期，不仅表达了对逝去时光无法挽留的无奈，而且有朱自清内心对前途的迷惘，找不到出路的徘徊和那份苦闷、惶恐、抑郁的低落情绪。但是对于学生来说，这已经超出学生的认知心理，他们没法理解那个时代和背景下作者的心绪，所以没有必要进行过度讲解。

二、叙事性散文课例分析

在统编版小学语文教材中，叙事性散文的编选有三种情况：一种是散落在各个阅读单元，如二年级上册第三单元《妈妈睡了》《一封信》写儿童生活；一种是编入习作单元，如三年级上册《搭船的鸟》《金色的草地》为“怎样留心观察周围事物”提供习作范本；还有一种是编入策略单元，如五年级上册《搭石》“学习提高阅读速度的方法”、六年级上册《竹节人》“根据阅读目的，选用恰当的阅读方法”，开展阅读策略的学习。

因此，在进行文本解读时，我们也必须从教材的编写意图出发，不只拘泥于从叙事性散文的文体特征分析，更应该紧密联系并确保其所在单元的语文要素的落实。

（一）以记事为主的叙事性散文课例分析——《桂花雨》

扫码查看5-2
课文《桂花雨》

《桂花雨》是统编版小学语文教材五年级上册第一单元的一篇文章。文章语言清新质朴，感情细腻，意味隽永，向大家真实再现了童年美好生活，表达了丰富的内心世界。这么美的文章，适合我们美美地一读再读。

《桂花雨》改编自《故乡的桂花雨》，这是琦君于1976年在台湾过中秋节时想到故乡的桂花而写的。琦君1949年离开故乡到台湾，从此远离故土，与家乡隔海相望，思乡之情在她多篇散文中均有体现。《乡思》里她写下：“来到台湾，此心如无根的浮萍，没有了着落，对家乡的苦念，也就与日俱增了。”《烟愁》的后记她向我们述说：“每回我写到我的父母家人与师友，我都禁不住热泪盈眶。我忘不了他们对我的关爱，我也珍惜自己对他们的这一份情。像树木花草似的，谁能没有根呢？我常常想，我若能忘掉亲人师友，忘掉童年，忘掉故乡，我若能不再哭，我宁愿搁下笔，此生永不再写，然而，这怎么可能呢？”

初读文本，童年时代的摇花乐扑面而来，我们都浸在浓郁得化不开的桂花香里，走入梦幻般的童年；了解琦君的生平之后，再读文本，则能够读懂开篇第一句“中秋前后，正是故乡桂花盛开的时节”就奠定了全文淡淡思乡的基调，读到“这里的桂花再香，也比不上家乡院子里的桂花”这句，就能品出浓浓的乡愁实则早已隐藏在摇桂花的快乐之中；如果再链接琦君《桂花雨》的原文及其他散文，如《粽子里的乡愁》《春酒》等，进行补充阅读，就更能走近这位远离故土多年的作家，读懂她对故乡、对亲人、对故土的深深的思念。

在解读文本的过程中，我们不仅要领悟作者的情感，还要读懂编者的意图。本单元的语文要素是：初步了解课文借助具体事物抒发感情的方法。文章以“桂花”为线索，写儿时在故乡与父亲赏花，独爱桂花的香气；写与母亲和乡亲们一起感受摇桂花的乐趣；写迁居杭州后给母亲带桂花引发的童年记忆。作者把对童年的怀念、对故乡的思念寄托在桂花身上，字里行间都萦绕着浓郁的乡愁。细细品读文章的语言，我们能够发现作者用最朴实的语言表达出了最真挚的情感，如母亲将摇落的桂花“送一箩给胡家老爷爷，送一箩给毛家老婆婆”，并且“挑去小枝小叶，晒上几天太阳，收在铁盒子里，可以加在茶叶里泡茶，过年时还可以做糕饼”。在平淡的日子里，送桂花、做花茶、晒桂花、做糕饼、摇桂花，几件简简单单的事，勾勒出乡亲们的和谐生活，就如桂花的香气一般甜蜜，琦君童年时代的快乐，也浸润在桂花的香气里。这些细微琐碎的日常小事，60 多岁的琦君还能如此详尽道来，可想而知这些画面曾经在她的脑海之中浮现过多少次，这样的深情怎能不令读者动容？

“摇花乐”是本文最容易引起五年级学生共鸣的片段。我们可以站在儿童的视角，引导学生感受摇花的快乐，也为感受作者的思乡之苦做铺垫。“摇花对我来说是件大事”，她总是缠着母亲问怎么还不摇桂花。摇桂花时她可乐了，“帮大人抱着桂花树，使劲地摇”。因为这时的桂花“纷纷落下来”如同下起阵阵桂花雨，让“我们满头满身都是桂花”，就像痛痛快快洗了个“桂花澡”，惹得小琦君高兴地喊着“啊！真像下雨，好香的雨啊！”。多么鲜活的画面呀，尤其配上书上的插图，仿佛把我们带到了琦君的童年，仿佛能够看到一个俏皮可爱、活泼可喜的小琦君，在快乐、兴奋、幸福地喊着、摇着，真切地感受到摇花的乐趣、童年的美好。

只是这份童年时摇桂花的快乐和惊喜，中学时的杭州没有，老年时的台湾更没有。所以琦君借母亲的话：“这里的桂花再香，也比不上家乡院子里的桂花”，表达童年时摇花乐，只属于故乡的小院、只属于回不去的童年。

当远在台湾的老年琦君，“又想起故乡童年时代的‘摇花乐’”，想起“阵阵桂花雨”，乡愁渐浓。童年越“乐”，思乡越“愁”……

（二）以写人为主的叙事性散文课例分析——《十六年前的回忆》

扫码查看5-3
课文《十六年前的回忆》

《十六年前的回忆》是李大钊的女儿李星华撰写的回忆录，文章回忆了身为父亲的李大钊对家人的关怀、爱护，作为革命者的李大钊对革命事业的忠诚；也表达了作者对父亲的敬仰与怀念之情。

我们在解读以写人为主的叙事性散文时，可以从人物的语言、动作、神态等方面进行分析。

1. 紧扣语言，读懂弦外之音

“言为心声”，文本中人物的语言是角色在具体情境下内在心境的真实反映，它不仅反映了人物此时此刻的情感、认知，而且是洞察人物精神品质的重要载体。课文描写“父亲被捕前”，朋友与母亲都几次劝说他早点离开，李大钊却说：“不是常对你说吗？我是不能轻易离开北京的。你要知道现在是什么时候，这里的工作多么重要。

我哪能离开呢?”人物的语言准确传达了李大钊的意思:现在正处于关键时刻决不能离开。结合文本语境和搜集的资料,对语段中所表达的内容进行补充,进一步思考“现在是什么时候”。联系上下文和查阅的资料,对时代背景进行了解:1926 年 3 月,李大钊领导并亲自参加了北京人民反对日、英帝国主义和反对军阀张作霖、吴佩孚的斗争。李大钊在极端危险和困难的情况下,继续领导党的北方组织坚持革命斗争。再如“这里的工作多么重要”,究竟怎么重要呢?从前文中所交代的“焚烧文件”与“工友被抓”这两件事情入手,并将这两个资料进行统整与组合,将其放置在文本中李大钊的言语中,则李大钊作为中国共产党早期的卓越领导人,所表现出来的无所畏惧、忠诚负责的优秀品质就从人物的言语中跃然而出。

再如,李大钊在法庭上说:“她是我最大的孩子。我的妻子是个乡下人,我的孩子年纪都还小,她们什么都不懂,一切都跟她们没有关系”。作为丈夫、孩子的父亲,李大钊说还只有 11 岁的李星华是最大的孩子,说妻子是乡下人,是在尽力保护家人让他们免受牵连。

2. 把握行为,体会人物品质

我们在进行人物刻画的时候,会关注到人物的行为。从被捕前“他留在家里,埋头整理书籍和文件。他把书和有字的纸片投到火炉里去。”被捕时“在里间屋里写字”看不到李大钊有半点的惊慌,他早就做好了一切准备。我们在读文本的时候,不仅需要关注直接描写主要人物行为的文字,还需要关注其他人的行为。如在李大钊被捕时的描写中,直接描写李大钊言行的部分并不多,却用大量的笔墨描写敌人的行为。“‘不要放走一个!’窗外响起粗暴的吼声。”“侦探冷笑着,又吩咐他手下的那一伙,‘看好,别让他自杀!’”“他们仔细地把父亲全身搜了一遍。”作者花大笔墨描写敌人凶恶、蛮横的丑态,更能反衬出李大钊镇定冷静的人物形象。

3. 聚焦神态,感悟人物内心

人物的言行、动作神态与心理往往是不分离的。课文描写李大钊“受审时”,采用白描的手法,“父亲仍旧穿着他那件灰布旧棉袍,可是没戴眼镜。我看到了他那乱蓬蓬的长头发下面的平静而慈祥的脸。”从“慈祥”和“平静”可体会出人物的冷静和从容。再将人物的外貌和神态进行联系思考,蓬乱背后的酷刑与“平静”的神态形成鲜明对比,感受涌动在人物内心:“虽然你们用严刑拷打来折磨我,但我没有丝毫的畏惧,因为我坚信我们的革命必将取得胜利。”正是因为李大钊有着对革命必胜的信念,才能如此冷静和镇定。

李大钊身上体现出来的坚定的革命信念、高尚的人格魅力，永远值得我们一代又一代人去琢磨、回味、品尝。

第三节　写景状物散文文本解读

一、写景状物散文的解读方法与策略

写景状物散文以状物绘景、叙写风情风物为主，在状物绘景时抒发作者的感情。与其说散文河里流淌的是事件和景物，不如说流淌的是情感和意绪。在解读这一类文体时，我们可以抓住结构、语言、作者情感来解读。

（一）梳理文章结构

散文重结构，重构思。怎样谋篇布局和安排材料、从哪些角度展开叙述和表达等，都展示了作者创造性的构思和结构艺术，从而形成散文独特的审美价值。

1. 空间顺序

写景、游记散文多采用空间顺序，如六年级上册的《草原》就是以行踪为序，移步换景，由景及人，记叙了初入草原的所见、所闻、所感，赞美了草原的美丽风光，深情讴歌了蒙汉同胞的民族情谊；四年级下册的《记金华的双龙洞》，作者按游览的先后顺序，依次介绍去双龙洞的路上、洞口、外洞、孔隙、内洞的见闻感受及出洞情况。

2. 时间顺序

写景状物散文采用时间顺序来写的也比较多，如五年级上册的《四季之美》，作者按一年四季的顺序描写了春天的黎明、夏天的夜晚、秋天的黄昏和冬天的早晨不同时间的景致，营造了美的氛围。

3. 事理顺序

事理顺序是指按事物或事理之间的逻辑关系安排的顺序。

我们发现，写景状物散文的构段方式都有其自身的特点，即文章大的层次之间的逻辑关系主要是总分关系。“总”即总括、概括，“分”即分析、分开。总分式具体可以分为三种：总—分—总，总—分，分—总。如《秋天的雨》一文就是总—分—总顺序构篇，作者先写秋天的雨是一把钥匙，接着从“秋天的雨，有一盒五彩缤纷的颜料”“秋天的雨，藏着非常好闻的气味”“秋天的雨，吹起了金色的小喇叭”三个方面来写秋天，最后进行总结。

有的文章各层次是层层推进，逐步深入的关系，属于递进式，是一种纵向结构。如《母鸡》一文，以第四自然段为分界，分为两个部分，作者的情感由“讨厌”向“不敢讨厌”转变。

（二）领悟作者情感

“一切景语皆情语”，写景散文除了将自然景物作为创作对象进行描摹、叙述，还常将情与景有机结合起来。所以在解读写景型散文时，除了关注叙写之景、体会景物之美外，还应在阅读中感受作者的情感。如五年级上册的《四季之美》第一自然段，“东方一点儿一点儿泛着鱼肚色的天空”，从“一点儿一点儿”中我们感受到天空颜色的变化是缓慢的。细细品味，这种细微变化唯有安宁清静的心才能感受到。可见，这一段写的是景，但我们通过“一点儿一点儿”看见的却是作者那颗平静的心。这种安宁沉静的心绪，还表现在作者观察到春天黎明的天空又渐渐“染上微微的红晕”中“染”字这一慢慢渗透之妙，这是对作者内心安宁的又一次返照。如四年级上册的《繁星》一课最后一段，“在星的怀抱中我微笑着，我沉睡着。我觉得自己是一个小孩子，现在睡在母亲的怀抱里了。”直接流露出了作者对星空的依恋和热爱。

（三）品读优美语言

写景型散文往往运用生动形象的词句展现文章内在的情感，体现文章丰富的内涵。阅读写景散文，一定要关注作者细腻的言语、驻足文字，并根据文中的描写想象出具体可感的丰富画面。例如四年级下册的《海上日出》一课，在描写晴天日出景象时有这样两句话，“太阳好像负着重荷似的一步一步，慢慢地努力上升。到了最后，终于冲破了云霞，完全跳出了海面，颜色红得非常可爱”。话虽不长，但有多处值得细细品读。“重荷”一词学生较陌生，可从字面意思“沉重的负担”再引申出此处写太阳上升得很不容易，我们可以想象平常人们身上背负重担时的动作。另外，从“冲破”“跳出”这两个动词，可以感受到太阳克服重重阻力，积蓄力量直到最后瞬间“冲破”，很有力量感。再如，四年级下册的《天窗》一文中“从那小小的玻璃，你会看见雨脚在那里卜落卜落跳，你会看见带子似的闪电一瞥；你想象到这雨，这风，这雷，这电，怎样猛烈地扫荡了这世界，你想象它们的威力比你在露天真实感到的要大十倍百倍。小小的天窗会使你的想象锐利起来!”，这一段运用了生动有趣的语言描述了孩子眼中的天窗之景，雨脚“卜落卜落跳”，闪电“一瞥”，好像有了人的神态，形象地写出风雨的恐怖与狂暴。

郭沫若先生的《白鹭》开篇就是一个比喻句：“白鹭是一首精巧的诗。”你是如何理解这句话的？

(四) 关注表达技巧

写景型散文在语言表达上很有特色，在解读文本时，也要充分关注表达技法的特别之处。

1. 关注修辞技巧

散文中的语言艺术必然是重点。谈及语言艺术，修辞技巧是不可不提及的。如四年级下册的《乡下人家》，作者用对比、衬托，让画面丰富鲜活。用高楼门前石狮子或旗杆的威严、单调衬托乡下人家门前瓜架装饰的可爱；用妇女捣衣衬托鸭子不怕人的自在，让画面多了份灵动。在文章中作者还赋予了动植物以人的性格、感情和动作，从而使得乡下人家的景和物都更加形象生动、妙趣横生。如鲜笋探头、母鸡率领小鸡、雄鸡大踏步、纺织娘唱歌，这一处处拟人化的描写，让乡下人家的生活显得更加富有诗意和情趣。

2. 关注标点的表情达意

散文常常会有一些很有意味的标点符号，它们有的会给读者留下想象的空间，有的虽然是反常用法却藏着作者的良苦用心。如《乡下人家》一课中出现这一句：“有些人家，还在门前的场地上种几株花，芍药，凤仙，鸡冠花，大丽菊……现出一派独特的农家风光。”作者在花名之间为什么不是使用顿号，而是反常地使用逗号？原来，国家标准《标点符号用法》规定：句子内部并列词语之间的停顿用顿号。所以，如果在同一季节开放的花，应用顿号；而“芍药”“凤仙”“鸡冠花”“大丽菊”这 4 种花是按开花的先后顺序排列的，不能调换彼此的位置，因此只能用逗号。这样的用法，与下文“依着时令，顺序开放”巧妙呼应。可见作者在写作时真是字斟句酌，连一个细小的标点符号都用得如此精确。

3. 关注写作手法

如五年级上册的《鸟的天堂》里写鸟之多，鸟之欢，就藏着作者表达的秘密。我们可以借用电影的艺术来发现这里的行文特色。首先是“广角镜头”——“大的小的花的黑的，有的站在树枝上叫，有的飞起来，有的在扑翅膀”“看清楚了这只，又错过了那只，看见了那只，另一只又飞起来了。”然后是“特写镜头”——“一只画眉飞了出来被我们的掌声一吓又飞进了叶丛，站在一根小枝上兴奋地叫着，那歌声真好听。”这是一种常见的方法——由面到点。

此外，写作手法还有很多，包括，欲扬先抑手法，如《母鸡》；明贬实褒手法，如《白鹅》《猫》。

走进文本，潜心涵泳，幅幅画面映入眼帘；用心研读，细细咀嚼，字字珠玑妙趣横生。这就是散文的力量、散文的魅力。

二、写景状物散文课例分析

扫码查看5-4
课文《富饶的西沙群岛》

（一）写景散文课例分析——《富饶的西沙群岛》

《富饶的西沙群岛》出现在部编教材三年级上册第六单元。该单元围绕“祖国河山”这一主题编排了 4 篇课文。

《富饶的西沙群岛》生动、形象地描写了西沙群岛风景优美、物产丰富。粗读课文会发现文章为“总—分—总”结构，结构清晰。第一自然段介绍了西沙群岛的位置，点明了西沙群岛是一个风景优美、物产丰富的可爱的地方，总领全文；第二至五自然段分别从美丽的海水、海底多样的生物、海岛上众多的海鸟三方面具体介绍了西沙群岛的风景和物产；第六自然段主要写了西沙群岛必将随着祖国建设事业的发展变得更加美丽富饶，与开头相呼应。

课文的语言值得我们好好体味。第一颜色美。“有深蓝的，淡青的，绿的，淡绿的，杏黄的。一块块，一条条，相互交错着。”“海水有深有浅，从海面看，色彩就不同了。”作者通过各种颜色词语的运用，写出了海水颜色美丽异常。第二形态美。“有的像绽开的花朵，有的像分枝的鹿角”写出了“海底的岩石上”的珊瑚姿态万千，令人神往；用“有的全部布满彩色的条纹；有的头上长着一簇红缨，好看极了”“有的周身像插着好些扇子、游动的时候飘飘摇摇”写出了海底生物的姿态万千。第三语言灵动。“西沙群岛的海里一半是水，一半是鱼。”短短的几个字，带来了极美的效果，既写出了鱼多，又将抽象的表达形象化。这些生动具体的描写使我们仿佛站到了西沙群岛的海边，看到了海中的情景。

课文选材富有儿童情趣。海底的生物多种多样，作者选择如“花朵”“鹿角”般的珊瑚，“懒洋洋地蠕动”的海参，“全身披甲”的大龙虾，这些形象三年级的孩子特别喜欢。再如海鱼“像插着好些扇子”“鼓起气来像皮球一样圆”，和平时孩子们见的鱼截然不同，孩子们读来兴趣盎然。

全文围绕第一自然段中的关键词“美丽、富饶”展开，全篇条理清晰，结构严谨，文章结构典型且多样，遣词用句精确且具体，给我们带来美的享受。

（二）状物散文课例分析——《母鸡》

扫码查看5-5
课文《母鸡》

统编版小学语文四年级下册的《母鸡》是老舍先生的一篇散文，该单元另外两篇课文《猫》《白鹅》都是写人类的朋友——动物，该单元的语文要素是：体会作家是如何表达对动物的情感的。在解读文本时，抓住文章中的关键语句进行品味、评析，就能体会作家表达情感的方法。

1. 梳理文本信息

解读文本，首先把握文章主要内容。《母鸡》主要以作者的情感变化为线索，描写了自己对母鸡由讨厌到不再讨厌的态度变化，塑造了一位伟大的鸡母亲形象，表达了对母爱的赞颂之情。老舍先生的文字朴实自然，表达的情感强烈而纯挚。

（1）结构

从整体上看，老舍先生先写出讨厌母鸡的无病呻吟、欺软怕硬、拼命炫耀，接着通过第 4 自然段“可是，现在我改变了心思……”的转折过渡，再写了“它负责、慈爱、勇敢、辛苦”，结构清晰。

（2）语言

全文充分展现了老舍先生朴实流畅、自然风趣、用词简洁凝练的语言特色，有着浓郁的“京味”，读的时候仿佛在听街坊邻居拉家常，生动鲜明而又通俗易懂。

（3）情感

全文采用借物喻人的手法，抓住母鸡的“负责、慈爱、勇敢、辛苦”来赞美母亲的伟大。

2. 关注表达方法

从老舍先生的写作方法来看，先抑后扬是本文的一大特色。前面三个自然段写“厌”，后面写“敬”，写出了一个负责、慈爱、勇敢、辛苦的“英雄”鸡母亲形象。前文的“抑”是为了后面更好的“扬”，前文的“厌”让后文的“敬”更让人震撼。

对比是本文第二大特色，母鸡的叫声从没有理由的“没完没了”“吵得受不了”到“发现可吃的东西”时“咕咕地警告”，“夜间有动静”时“放声啼叫”，从中可以看出作者对母鸡的态度发生 180 度地扭转；母鸡对待公鸡从“永远不反抗”到“必须出击”“公鸡也怕三分”，缘于它身份的转变——它变成了鸡母亲；母鸡能从其他母鸡身上“狠狠地”咬下一撮毛，到成为“鸡母亲”后，任由鸡雏爬到自己背上啄它而“一声不吭”。类似这样对比的情景在文中比比皆是。

拟人的修辞手法是本文的第三大特色。如课文中对声音拟人化的描写，最能调动读者的感官。母鸡“细声细气的，有什么心事似的”“扯长了声如怨如诉”。作者称赞母鸡“一个母亲必定就是一位英雄”，其中“母亲”和“英雄”都是对人才使用的一种敬称，这里全用在对母鸡的夸赞上，对母鸡的敬重之情跃然纸上。

3. 体会文章情感

（1）从词句中体会作者情感

课文开篇就向读者阐明“我一向讨厌母鸡”。这个句子有两个词语值得细细品读，“讨厌”一词鲜明地表达了对母鸡的情感态度，加上“一向”说明这种态度的形成是长期的。接下来作者详细写出了自己讨厌母鸡的三个理由：一是叫声没完没了，二是欺弱怕硬，三是喜好炫耀。这样的表达让读者一下子体会到母鸡令人讨厌是在情理中的。

文章最后一句“我不敢再讨厌母鸡了”，“不敢”一词中包含作者对从前看法的反思，能读出作者对母鸡的忏悔之意。此时作者对母鸡有了一个崭新的认识，此时对母鸡的情感不是简单的喜欢，而是对母爱的一种纯洁、神圣的尊敬，是对伟大的母爱的一种敬畏之心，是情感的升华。

（2）从事例中体会作者情感

接下来作者看到做了母亲之后的母鸡，一心一意呵护、养育着雏鸡：每一只鸡雏肚子都圆圆地下垂……她自己却消瘦了很多；它教鸡雏们啄食，掘地……又任由雏鸡折腾自己；连夜间睡觉后，若有什么动静，它都会放声啼叫。这样的鸡母亲让作者的敬佩之情油然而生，以“负责、慈爱、勇敢、辛苦”和“伟大”“英雄”等诸多褒义词进行高度赞扬。

对《母鸡》一课的解读，既要梳理文章结构，又要关注文本表达，既要揣摩老舍先生语言的精妙，又要体悟母爱的伟大无私，这样才能对文本有更加全面的理解。

思考与练习

1. 请结合本章所学简要分析下面文段的语言特点。

荷花已经开了不少了。荷叶挨挨挤挤的，像一个个碧绿的大圆盘。白荷花在这些大圆盘之间冒出来。有的才展开两三片花瓣儿。有的花瓣儿全展开了，露出嫩黄色的小莲蓬。有的还是花骨朵儿，看起来饱胀得马上要破裂似的。

——《荷花》

这地方的火烧云变化极多，一会儿红彤彤的，一会儿金灿灿的，一会儿半紫半黄，一会儿半灰半百合色。葡萄灰、梨黄、茄子紫，这些颜色天空都有。还有些说也说不出来、见也没见过的颜色。

——《火烧云》

孩子们惊呼起来，急急逃跑，鹅追得更快了。我吓得脚也软了，更跑不快。这时，带头的那只老公鹅就啪嗒啪嗒地跑了过来，嘎嘎，它赶上了我，嘎嘎，它张开嘴，一口就咬住了我当胸的衣襟，拉住我不放。在忙乱中，我的书包掉了，鞋子也弄脱了。我想，它一定要把我咬死了。我就又哭又叫，可是叫些什么，当时自己也不知道，大概是这样叫吧："鹅要吃我了！鹅要咬死我了！"

——《牛和鹅》

扫码查看5-6
课文《白鹅》

2. 简要分析《白鹅》一文中作者是通过怎样的方式来表达情感的。

第六章 小说类文本分析

本章导读

小说作为一种喜闻乐见的文学作品，一直备受读者喜爱。小学阶段，学生从儿歌、童话的阅读慢慢向科普作品和文学作品过渡，小说作为一种非常重要的文学体裁，虽然入选统编版小学语文教材中的篇目不是很多，但在培养学生的语文素养、提高学生的阅读理解能力和文学鉴赏能力、提升学生的思想道德修养等方面都发挥着十分重要的作用。

学习目标

1. 掌握小说的定义、类型及文体特征，能够在教材选文中准确分辨出小说。

2. 了解统编版小学语文教材中小说的选文情况及编排特点，掌握小说文本分析的方法和策略。

3. 能够运用小说文本分析的方法和策略解读统编版小学语文教材中的小说，培养文学鉴赏能力和审美情趣。

思政目标

1. 树立学生的文化自信，阅读分析中国古典小说文本，感受中国文化的源远流长及独有魅力。

2. 坚定理想信念，弘扬中华传统美德，阅读分析反映革命先辈、共产党员英雄事迹的小说文本，感受他们艰苦奋斗、无私奉献、顽强斗争的伟大精神。

第一节 小说的文体知识

一、小说的定义

关于“小说”的定义最早可以追溯到东汉时期班固的《汉书·艺文志》:“小说家者流,盖出于稗官,街谈巷议,道听途说之所造也。”班固认为小说是官职低微的人把街谈巷议、道听途说的事情进行文学创作而形成的文学作品,这一论断实际上指出了小说来源于生活,同时具有一定的虚构性的特点。

小说在《辞海》中的定义为:“小说是文学的一大样式,它以叙述为主,具体表现人物在一定环境中的相互关系、行动和事件以及相应的心理状态、意识流动等,从不同的角度塑造人物、表现社会生活。”它强调了小说所采用的表达方式主要是叙述,即强调了小说的情节性。小说主要通过故事情节来展现人物性格、表现中心思想。故事来源于现实生活,但通过整理、提炼和安排,比现实生活中发生的真实案例更加集中、完整、具有代表性。

小说在《小说辞典》中的定义为:“文学体裁四分法中的一大样式,是一种用自由的笔法,通过叙述故事、描写环境来刻画人物,反映社会生活的文学体裁。”小说在《现代汉语词典》中的定义为:“一种叙事性的文学体裁,通过人物的塑造和情节、环境的描述来概括地表现社会生活。”两者对小说的定义都突出了小说的叙事性特征,认为小说是依靠人物、情节和环境三者的联系表现社会生活。

根据以上定义,我们可以把小说定义为一种以塑造人物形象为中心,通过完整的故事情节和环境描写来反映社会生活的文学体裁。

二、小说的分类

小说的分类是一件十分复杂的事情,从不同的角度对小说进行分类,类型就会出现差异。我们主要根据常见的小说类型、统编版教材中出现的小说类型进行整理归纳。

(一) 按篇幅长短分类

根据篇幅的长短、容量的大小、人物的多少、情节的繁简，我们可以把小说分为长篇小说、中篇小说、短篇小说、微型小说。

1. 长篇小说

长篇小说的篇幅最长，一般在六万字或十万字以上。但长篇小说的字数不定，差距较大，少则十几万字，多则几百万字。长篇小说容量最大，所反映的社会生活范围最广阔，结构较为复杂。它一般是通过比较多的人物和纷繁的事件来表现社会生活，如曹雪芹的《红楼梦》、路遥的《平凡的世界》。

2. 中篇小说

中篇小说的篇幅一般在三万字至六万字之间，也有少数十几万字的小说也被算作中篇而不归于长篇，这取决于文章内容的丰富度。中篇小说的容量大小、篇幅长短、人物多寡、情节繁简等均介于长篇小说和短篇小说之间，通常只是截取主人公一个时期或某一段生活的典型事件塑造形象，反映社会生活的某个方面，故事情节完整，线索比较单一，矛盾斗争不如长篇小说复杂，人物较少，如海明威的《老人与海》、沈从文的《边城》。

3. 短篇小说

短篇小说的篇幅一般在几千字到三万字之间。茅盾曾经说："短篇小说主要是抓住一个富有典型意义的生活片段，来说明一个问题或表现比它本身广阔得多、也复杂得多的社会现象的。"也就是说短篇小说一般篇幅短小、情节简洁、人物集中、结构精巧，往往选取和描绘富有典型意义的生活片段，着力刻画主要人物的性格特征，反映生活的某一侧面，使读者"借一斑略知全豹"，如鲁迅先生的《狂人日记》、契诃夫的《变色龙》。

4. 微型小说

微型小说，也称为"一分钟小说""小小说"和"超短篇小说"。它的显著特点是篇幅短小、人物少、故事情节简单，只截取生活中具有特殊意义的某个片段或某个场景进行横断面的描写。在艺术处理上，对情节、环境不做精雕细刻，只集中精力描绘人物、深化主题。微型小说节奏变化紧凑，构思结构精巧，能收到小中见大的艺术效果；字数上有较严格的要求，一般几百字，多则不超过一千五百字。如屠格涅夫的《一个东方的传说》、奥莱尔的《在柏林》。

（二）按创作年代分类

1. 古典小说

古典小说萌芽于秦汉时期，当时社会出现的神话传说、寓言故事、史传文学成为古典小说叙事的源头。此后小说经历了魏晋南北朝时期的志怪小说（如张华的《博物志》）和志人小说（如刘义庆的《世说新语》）、唐朝的传奇小说（如李朝威的《柳毅传》）、宋元时期的话本小说（如《碾玉观音》），到明清时期走向繁荣，涌现出一批流传后世的经典著作，如四大名著《红楼梦》《水浒传》《三国演义》《西游记》等。

2. 现当代小说

现代小说从时间上来说是指五四运动以后创作的小说；从性质上来说，小说的内容和形式方面相对于中国古典小说而言，采用白话文形式表现中国人的审美心态和情感方式。例如，鲁迅先生的《阿Q正传》、矛盾的《子夜》、莫言的《红高粱》等。近代以来，我国作家的小说创作，受西方小说的影响，小说的形式与叙事模式上出现了新的特点，小说与社会生活、政治斗争结合更加紧密，题材不断丰富，中国小说的发展出现多元化。

（三）按题材分类

根据小说的创作题材，可以分为神话小说、历史小说、武侠小说、言情小说、探险小说、恐怖小说、科幻小说等。

（四）按体制分类

根据小说的体制，可以分为章回体小说、书信体小说、日记体小说、对话体小说、自传体小说等。

（五）按主义流派分类

根据小说独具特色的创作风格，可以分为古典主义小说、现实主义小说、浪漫主义小说、形式主义小说、自然主义小说、表现主义小说、意识流小说、魔幻现实主义小说等。

三、小说的文体特点

小说主要通过塑造人物、叙述故事、描写环境来反映生活、表达思想。通常把人物、情节和环境称为小说的三要素。

(一)典型而细致的人物刻画

请谈一谈你最喜欢的一部小说中令你印象最为深刻的人物形象是谁?他有什么特点?

首先,小说中的人物形象特征鲜明。小说作为一种艺术作品,它源自生活却高于生活。作者在选取人物时常常会根据特定的时代和环境,因此,这些人物身上往往具有其所处时代和社会的影子,浓缩了这一时代和阶层人民身上最突出的形象特征。作者笔下的各类人物独具特色,多为具有多重复杂性格的“圆形人物”,绝不是只具有单一性格的“扁形人物”。作者在塑造人物时,经常以某一真人为模特儿,综合其他人的一些事迹,如鲁迅先生所说:“人物的模特儿,没有专用过一个人,往往嘴在浙江,脸在北京,衣服在山西,是一个拼凑起来的角色。”任何一部优秀的小说,总有使人难忘的典型人物。人们可以通过这些典型的镜子,认识、理解许多的形象。

其次,小说中的人物形象刻画细致。小说创作不受时间和空间的限制,作者可以凭借各种艺术手段从多角度全方位地描写、刻画人物。人物描写的角度有正面描写和侧面描写。正面描写包括外貌描写、语言描写、动作描写、神态描写、心理描写等;侧面描写是对人物的一种间接描写,作者常常通过对周围人物或环境的描绘来表现所要描写的对象,以他人或事物来反映该人物的性格特征,使得该人物形象更加鲜明突出,因此又叫侧面烘托。

(二)完整而多变的情节铺叙

小说的故事情节指的是在小说作品所提供的特定艺术描写的环境中,由于人物之间的相互关系和人与环境间的矛盾冲突,而产生的一系列生活事件发生、发展,直至解决的整个过程。小说的故事情节一般源于生活,是现实生活的提炼,比现实生活更集中且有代表性。现实生活中的事件和矛盾是有始有终、有起有伏,并有一定发展过程的,因而小说故事情节一般较为完整,情节开展也常常环环相扣、一波三折,人物纷繁复杂,故事跌宕起伏,令读者牵肠挂肚、手不释卷。

小说情节的发展一般包括开端、发展、高潮、结局四部分。开端是作品所反映的矛盾冲突的第一件事;发展是作品中矛盾冲突从展开到激化的演变过程;高潮是决定各方命运的主要矛盾即将解决的关键时刻,是矛盾冲突发展到顶点,人物的思想斗争最紧张、最激励、最尖锐的阶段,人物的性格逐渐显露出来,也是一篇小说最为精彩的地方;结局是矛盾得到解决,人物性格的发展已经完成，事件有了最后的结果，主题思想得到充分展现，是情节发展的必然结果。

（三）具体而独特的环境描写

小说塑造的人物形象和构设的故事情节，总是出于一定的时空位置，这就是小说的环境。小说通常通过典型环境的具体描写，展开情节，刻画人物。人物生活的具体环境可以显示人物的身份、情致和品格，小说常常通过展示人物的独特环境，表现人物的个性和精神面貌。一篇小说除了要描写五光十色的社会环境，还要描写千姿百态的自然环境。因此，一般把环境描写分为自然环境描写和社会环境描写两种。

自然环境描写是指对人物活动的时间、地点、季节、气候以及景物等的描写，能够起到渲染故事氛围、推动故事情节发展、暗示社会环境、烘托人物形象、深化作品主题等方面的作用。

社会环境描写指对特定的时代背景或人物生活环境的描写。它所描写的范围可大可小，大至整个社会、整个时代，小至一个家庭、一处住所。描写的内容可以是室内陈设、当地的风土人情和时代气氛等。社会环境的描写通常有着浓厚的地域风情。作者一般通过社会环境描写交代人物的生存环境、社会关系，以及故事发生的时代背景。

小说这三个方面的基本特点，不是各自孤立，而是密切联系的。典型而细致地刻画人物，必须借助与情节互动的充分展开，而独特的环境描写则给人物活动、情节铺叙创造了特定的氛围。三者相互作用，构成了小说世界。因此欣赏小说应该根据小说的基本特点，去把握作品的思想内容和艺术特色。

第二节 小说的解读方法与策略

一、统编版小学语文教材中小说的选文特点

扫码查看6-1
小说选文统计表

在统编版小学语文教材中，小说类文本的编选有两种情况：一种是3—4篇小说集结为一个小说单元，如五年级下册第二单元由《草船借箭》《景阳冈》《猴王出世》《红楼春趣》四篇古典小说组成“古典名著阅读”单元；六年级上册第四单元由《桥》《穷人》《金色的

鱼钩》三篇小说组成"小说阅读"单元;六年级下册第二单元由《鲁滨逊漂流记》《骑鹅旅行记》《汤姆·索亚历险记》三篇长篇小说节选作品组成"外国名著阅读"单元。另一种情况是依据主题的一致性,把小说编入其他单元之中,如《"诺曼底号"登陆记》被编入四年级下册第七单元"伟大的品格"主题单元、《刷子李》被编入五年级上册第五单元(习作单元)、《跳水》被编入五年级下册第六单元"思维的火花"主题单元。

通过梳理统编版小学语文教材中小说文本的分布情况,发现小说选文呈现出以下几个方面的特点。

1. 小说类型的多样性

从小说文本在教材中的分布情况统计来看,统编版小学语文教材中的小说类型十分丰富。从国别分析,以中国本土作家的作品为主,同时也选入了部分外国经典小说作品,大大增加了小学生的阅读量,开阔了他们的阅读视野;从创作年代分析,既有古典小说作品,也有现当代文学作品;从篇幅分析,短篇小说、微型小说篇目较多,同时也根据学生阅读能力发展需求,从一些经典中长篇小说中节选部分内容作为课文;从题材分析,题材较为丰富,有历史小说、探险小说、童话小说、科幻小说等。

统编版教材中小说大多数都是节选,有的节选部分几乎失去了小说的基本特征,我们完全可以当作其他体裁的文本来阅读。如《剃头大师》《慈母情深》《摔跤》《他像一棵挺脱的树》《两茎灯草》《少年闰土》等可以看作是写人记事散文、《祖父的园子》可以看作是写景抒情散文。

2. 小说主题的多元化

从小说表现的主题分析,选入统编版小学语文教材中的这些小说文本整体上都是积极向上的,对于正处在人生观、世界观、价值观形成过程中的小学生来说,具有很好的引导作用。具体言之,每篇课文所表现的主题又不尽相同,如《祖父的园子》重在表现自由自在的童年生活、《慈母情深》重在表现母爱的伟大、《桥》重在表现共产党员舍己为人的牺牲精神、《穷人》重在表现劳动人民的苦难生活和他们高尚的品德。

3. 课文编排的科学性

小说是文学作品中非常重要的一种体裁,对于学生的阅读理解能力、文学鉴赏能力的提升有着至关重要的作用,但是小说阅读具有一定的难度,因此编撰教材时必须从学段特点、学生情况方面综合考虑，注意选文编排的层次性、渐进性。

从小说文本的具体分布来看，统编版小学语文教材中的小说文本主要分布在中高年级，五、六年级分布最为集中，这与学生阅读能力的发展水平相一致。中年级的小说文本多选择与学生生活较为贴近的主题，如《剃头大师》写童年趣事，《小英雄雨来》写少年英雄，《芦花鞋》写淳朴少年，相近的年龄、浅显易懂的文字能够让学生对小说产生浓厚的兴趣。高年级的小说文本主题深入社会、生活的方方面面，题材丰富、视角广阔，如《草船借箭》表现历史纷争，《金色的鱼钩》讲述革命故事，《汤姆·索亚历险记》表现冒险经历等，这些课文在培养学生阅读能力的同时也开拓了他们的视野，增进了他们对世界、对社会、对生活的了解。

从课文的类型来看，统编版教材中一共选入 24 篇小说，其中 16 篇为精读课文，8 篇为略读课文。在同一个单元中的精读课文编是在略读课文前，精读课文学习阅读的方法，略读课文引导学生运用学到的阅读方法，也就是说前一篇课文为后一篇课文提供阅读策略基础，后一篇课文是前一篇课文的拓展练习，这样就更利于学生做到学以致用，真正促进学生阅读能力的发展。

二、小说的解读方法与策略

（一）抓住小说的三要素

小说作为一种叙事性文学作品，人物、情节、环境这三个要素必不可少。因此我们可以以人物、情节、环境为切入点进行小说文本解读。

1. 以小说情节为基础

小说创作以塑造人物形象为核心任务，但是人物形象的塑造必须建立在一定故事情节的基础之上。因此，要准确把握人物的性格特点，首先要了解人物的经历，也就是必须要把握小说的故事情节。那怎样做才能了解小说的故事情节呢？下面介绍几种在教学中常用的方法。

（1）抓住小说的叙事线索

每一篇小说在记叙复杂的故事情节时都是按照一定的线索展开的，如果我们能够抓住这个线索，小说的故事情节自然就能够把握好了。如《草船借箭》，全文以“借箭”为线索，先写了借箭的起因，然后写借箭的经过，最后写借箭的结果，表现出诸葛亮的足智多谋、神机妙算。

(2) 抓住事件的"开端、发展、高潮、结局"四个部分

小说的故事情节基本上都是按照事情发展的顺序来写的，把握了故事的开端、发展、高潮、结局，也就把握住了小说的故事情节。如《景阳冈》按照"喝酒—上冈—打虎—下冈"的顺序，记叙了武松在阳谷县一家酒店内开怀畅饮后，趁着酒劲上了景阳冈，赤手空拳打死猛虎的故事，表现了武松豪放、勇武而又机智的英雄性格。

(3) 理清人物之间的关系

有的小说中出现的人物众多，通过理清人物之间的关系，就能够把握住小说的故事情节。如《跳水》一文中出现了水手、孩子、猴子、船长，我们通过理清四者之间的关系就能够概括小说的故事梗概：水手拿猴子取乐—猴子激怒孩子—孩子追赶猴子—船长瞄准孩子—水手救上孩子。

2. 以人物形象为重点

人物形象是小说的重点。人物形象包含人物的性格特点、思想特征、精神风貌以及人物形象的社会或时代意义。小说文本的人物形象分析可以从以下方面着手。

(1) 通过情节发展来分析人物形象

情节，是塑造人物形象的重要手段，反过来说，人物形象各方面的特征是在情节发展过程中表现出来的。如《小英雄雨来》第一部分写雨来游泳本领高，表现出他的机灵、调皮、可爱；第二部分写雨来上夜校读书，表现出他热爱学习的特点；第三部分写雨来掩护交通员李大叔，表现出他的机灵勇敢；第四部分写雨来和鬼子进行不屈的斗争，表现出他的顽强勇敢；第五部分写村民以为雨来牺牲了，表现出他热爱国家、不怕牺牲的品质；第六部分写雨来没有死，表现出他的机智敏捷。在故事情节不断发展的过程中，雨来的形象特征也越来越生动丰富起来，深深地烙印在读者的脑海之中。

(2) 结合人物描写方法来分析人物形象

小说中既有对人物的正面直接的描写，也有从侧面对人物做的间接描写。在正面描写中，我们要抓住人物的外貌、动作、语言、神态、心理等方面的描写揣摩人物形象特征。如《草船借箭》中对诸葛亮的神态描写和语言描写——"诸葛亮笑着说：'雾这么大，曹操一定不敢派兵出来。我们只管饮酒取乐，雾散了就回去。'"，把诸葛亮的胸有成竹、镇定自若、神机妙算表现得淋漓尽致；再如《景阳冈》中对武松打虎时的动作描写，"跳""闪""躲"表现武松的沉

着、机智，“揪”“按”“踢”“打”表现武松的勇猛、武艺高强；此外《穷人》中桑娜的心理活动的描写真实地展现了她内心的矛盾，刻画了一个充满爱心、同情心的劳动妇女形象。

在侧面描写中，我们可以通过作者对文中其他人物的描写来分析主人公的形象特点。如《刷子李》一文中，冯骥才先生用大量的笔墨写了刷子李的徒弟曹小三的心理活动及行为动作，“他真的觉得这身黑色的衣服有种神圣不可侵犯的威严”“完了，师傅露馅儿了，他不是神仙，往日传说中那如山般的形象轰然倒去”“他凑上脸去用神再瞧，那白点原来是一个小洞”“发怔发傻”等，通过曹小三的种种反应，实际上更能表现出刷子李的技艺高超，名不虚传。

3. 以环境描写为补充

六年级上册课文《桥》中有许多处自然环境描写，请分析本文中自然环境描写的作用。

环境是小说存在的背景，为小说提供了空间和时间范围，是人物诞生、成长和活动的处所，因此，环境分析是小说鉴赏中必不可少的一项内容。如《穷人》开篇对自然环境的描写，屋外又黑又冷，屋内却温暖舒适——“地扫得干干净净，炉子里的火还没有熄，食具在搁板上闪闪发光”，通过屋内屋外的对比体现了桑娜的勤劳持家。通读全文之后再深入体会，我们能够发现这里的温暖指的不仅是客观环境的温暖，更是人情的温暖，蕴含了本文的主题。

统编版小学语文教材中的小说由于节选篇目较多，大部分小说中出现的环境描写主要是自然环境描写，较少出现社会环境描写，但有些小说节选篇目若不去补充故事发生的背景（社会环境），学生在阅读的过程中就会遇到问题，难以准确把握小说的主题。如《金色的鱼钩》一课不介绍长征有关的背景知识，学生就难以体会到老班长忠于革命、舍己为人的崇高品格。

（二）关注小说的矛盾冲突

小说离不开情节，情节离不开矛盾冲突。小说中的矛盾冲突主要包括人与人、人与环境之间的矛盾关系，人物的内心矛盾等，也可表现为生与死、喜与悲、表与里等矛盾形式。小说中的矛盾不仅能够推动故事情节的发展，还能够起到激发读者阅读兴趣、制造紧张氛围、塑造鲜明的人物形象等方面的作用。如在解读《桥》一文时，我们可以抓住文中出现的四次矛盾冲突来分析老支书的形象特点，第一次冲突——村民们慌不择路“逃”向木桥，与老支书如山般地“站”在桥前的情形冲突；第二次冲突——其他党员发出“党员也是人”的抱怨，与老支书“一切为了群众”的党性原则冲突；第三次冲突——众人排队过桥时，老支书再次因党性原则，“揪”出了抢在队伍前列的一个党员小伙子；第四次冲突——在木桥摇摇欲坠时，老支书与小伙子为推让对方过桥而再次冲突，但都不幸遇难。在解读四次矛盾冲突的过程中，老支书忠于职守、舍己为人、大公无私的高大形象便更加丰满、更加立体了。

（三）关注小说的标题

读者在阅读小说时，通常忽视标题，事实上标题对于小说的阅读鉴赏具有十分重要的作用，如交代小说的主要人物；概括小说的主要事件；作为线索贯穿全文；点明时间地点，创设故事背景，渲染环境氛围，奠定文章的感情基调；表明作者的观点态度，寄托作者情感；揭示小说主旨，深化主题；设置悬念，激发读者兴趣等。

因此，我们在解读小说文本时，也要关注它的标题。如《小英雄雨来》的标题直接告诉读者小说的主人公是“雨来”，他是一位少年英雄，表达了作者对他身上的可贵品质的赞美；《金色的鱼钩》标题中的“鱼钩”是小说的叙事线索，“金色”实际上暗示了老班长高贵的精神品质；《“诺曼底号”遇难记》的标题直接表明了小说所写的主要事件……综上，我们可以看出阅读小说时必须关注小说的标题，从标题中提炼出有效信息，能够提高小说阅读的效率。

（四）欣赏小说的语言

语言鉴赏是小说阅读中非常重要的一个环节，从某种意义上来说，文学作品特殊的魅力就是通过作品的语言表现出来的。小说的语言鉴赏可以从以下几个方面开展。

一是关注语言的表达内容，抓住关键句、关键词去品味语言的丰富内涵。如《刷子李》一课中曹小三发怔发傻时刷子李对他说的话——“好好学本事吧！”这句看似简单的告诫，其实有着丰富的内涵：不要以为别人的名气都是虚的，那可是名副其实的，所以要好好学本事；手艺人必须有真本事，有真本事才能赢得他人的尊重，而真本事都是勤学苦练出来的，所以更要好好学本事。

二是关注语言的表现形式，抓住形式特点品味语言的丰富意蕴。如《跳水》一文中船长仅有的两句话——“向海里跳！快！不跳我就开枪了！”“向海里跳！不然我就开枪了！一！二！”从形式上来看，全部是短句，每一句都以感叹号结尾，说明当时形式十分危急，也充分表现出船长的坚决果断。

（五）理解小说的主题

小说主题指的是作家在作品中通过描绘现实生活图画、塑造艺术形象显示出来的、贯穿一部小说始终的基本思想，又称主题思想或中心思想。主题是作者的写作动机、目的所在，更是小说的价值意义所在，是小说真正的灵魂，因此在解读小说文本时必须准确把握小说的主题。我们可以从多个角度分析、理解小说的主题。

（1）从小说题目角度看主题，有些小说的题目就是对小说主题的概括，或是一语双关，或是画龙点睛。例如《小英雄雨来》《金色的鱼钩》中的“英雄”“金色”都表明了作者对所刻画的人物的赞美之意。

（2）从小说的情节角度看主题，有些小说的主题思想蕴藏在情节的前后因果关联中，或是情节发展中的矛盾冲突中。例如《桥》以四次矛盾冲突塑造了一个舍己为人、大公无私的共产党员崇高的形象。

（3）从小说的人物形象角度看主题，有些小说的主题思想常常在小说所塑造的人物形象上表现出来，人物的际遇遭逢、命运归宿常常连接着社会生活的本质，投射出特定的历史文化的背景。例如《金色的鱼钩》中老班长牢记指导员的嘱托，尽心尽力地照顾生病的三个小战士过草地，不惜牺牲自己的生命，这种为了完成革命任务置个人生死于不顾的可贵品质实际上代表了革命战争时期千万红军战士忠于革命、尽职尽责、舍己为人的光辉品质。

（4）从环境描写角度看主题，有些小说中的环境描写从侧面暗示了主题的指向，我们可以从小说中人物存在的自然环境和社会背景等方面去探寻环境描写对人物塑造、对情节发展的作用，从而破译小说的主题意蕴。如《穷人》中对小屋里温暖舒适的描写，实际上暗示了人情的温暖。

（5）从小说的构思角度看主题，有些作家的创作意图与小说作品独特而精巧的构思有着必然的关联。通过分析小说的构思手法，诸如对比、反差、反讽、抑扬、象征、虚实、悬念、意外、巧合等手法的运用及其意图，可以归纳出小说的主题。如《桥》一文中老支书把小伙子从人群中揪出来，小伙子瞪了他一眼，后来他又把小伙子推上木桥，这两处情节让读者对他们之间的关系产生多角度的猜想，文末才揭示他们之间的父子关系，既凸显出老支书的爱子心，更表现出他的大公无私，使得老支书的形象更加立体、丰满。

（6）从小说叙述者角度看主题，有些作家的创作意图与小说作品中叙述者的语调、视角和情感倾向有密切的内在联系。通过分析小说的叙述人称、议论性语句，可以捕捉到作者的创作意图。如《少年闰土》节选自鲁迅的短篇小说《故乡》，文章以第一人称“我”展开叙述，通过“我”的回忆，刻画了一个机智勇敢、聪明能干、见多识广的农村少年形象，反映了“我”与他儿时短暂而真挚的友谊以及对少年闰土的怀念之情。

第三节 小说课例分析

在进行文本解读时，我们首先要关注小说的文体特征，从情节、人物、环节三要素着手分析，但不能仅仅拘泥于此，还应考虑教材的编写意图，紧密联系并确保其所在单元的语文要素的落实。

一、小说单元文本分析——《桥》

扫码查看6-2 课文《桥》

（一）教材分析

《桥》是统编版小学语文教材六年级下册第四单元中的一篇课文，是一篇微型小说。本单元是统编版小学语文教材中的第一个专门的小说单元，旨在引导学生理解情节推进和环境描写对塑造人物形象的作用。虽然在这之前学生已经接触过一些小说文本，但是对于小说的认识仍然处于感性认识阶段，教师在教学过程中要特别注意把握好教学的适切度，不能拔高要求，不宜在主题探究、创作手法上求深求全，切忌用晦涩难懂的专业术语、理论进行过度解读。应该紧密结合单元语文要素“读小说，关注情节、环境，感受人物形象”，抓住小说的三要素，引导学生通过梳理情节，留心环境描写，分析人物形象特征，自然而然地理解小说的主题。

（二）小说情节分析

《桥》叙述了一位村党支部书记面对突然爆发的山洪、慌不择路的村民，以自己的威信、忠于职守的信念和沉着果断的指挥，帮助村民有序逃生，最后自己和儿子却牺牲了的故事。

“文似看山不喜平”，《桥》篇幅虽短，但情节跌宕起伏，冲突不断，作者以一波三折的故事情节让读者的心情随着小说故事情节的发展起起伏伏，不断变化，从而获得最大的阅读审美享受。文中一共出现的四次矛盾冲突，每一次冲突都使老支书的形象更为立体、更为丰满。前文在132页已有说明，不再赘述。

一波三折的故事情节，扣人心弦，加深了读者对老汉的认知，同样也在读者心中留下了许多的疑问。小说最后才通过一个老太太的祭拜揭示老支书与小伙子的父子关系，给读者带来强烈的情感冲击，让读者在震撼中再度体悟英雄的崇高境界，使得老支书的形象更加深入人心。

（三）小说人物分析

小说的核心是塑造典型的人物形象。学习《桥》这篇课文，我们的教学重点就是引导学生理解老支书的形象特征。除了抓住四次情节冲突把握人物形象以外，我们还可以抓住老支书的言行、神态描写，感受老支书一心为民的党员信仰。

第8自然段中“他像一座山”，读到此处时，我们应该思考作者为什么把老支书比作“山”呢？“山”在这里有两层意蕴：一是表现老支书在山洪中的沉着冷静，沉稳如山，二是指老支书是村民心中的靠山。第一层意思比较容易理解，第二层意思可以联系第7自然段中的“全村人都拥戴”、第9自然段“人们停下脚步，望着老汉”来理解。“全村人都拥戴”可见老支书在村民心中是一位沉稳干练、一心为民的好干部。“停下脚步”“望”表现出村民对老支书的信赖，看到他仿佛就看到了逃生的希望。

第15自然段“冲”“揪”“吼”三个连贯动作形象地描写出老支书从人群中揪出小伙子的情形。“他凶得像一只豹子”，这个比喻应该引起我们的思考，我们常常形容一个人“凶得像狮子”这里却用了“豹子”，有何不同呢？豹子与狮子、老虎相比较，有一个突出的特点就是速度快，此处用豹子做喻体不仅表现出老支书的凶，还表现出他把小伙子从人群中揪出来的速度之快，说明他把小伙子揪出来是毫不犹豫的，更凸显出他的大公无私。

第20段中的“推”与前面的“揪”形成对比，当我们明了老支书与小伙子的关系时，回顾这里的一“揪”一“推”，就更能体会到老支书在亲人和群众面前的以身作则，以及爱子心切的崇高形象。本段中的“吼”与第15自然段中的“吼”也有不同的意味，老支书第一次“吼”是站在“党员”的角度，第二次“吼”是站在父亲的角度，在对人民群众的大爱中，也深藏着一个父亲对儿子深沉的真爱。

此外，我们还要关注人物的语言描写，老支书的语言描写虽然不多，但是我们发现他的语言都非常的简短有力、干脆利落，表现出他镇定果断、说一不二的性格特点。

（四）小说环境分析

《桥》中的环境描写以自然环境描写为主，最大的特点就是以极短的语言文字为读者渲染出一种极其危急、恐怖的气氛。小说一开始就写道："黎明的时候，雨突然大了。像泼。像倒。山洪咆哮着，像一群受惊的野马……"直接把事情发生时的环境展现在读者面前，这样的环境不仅让学生的心揪起来，还让学生真切地感受到老汉面对的是怎样的环境：凶猛的洪水、脆弱的木桥、慌乱的人群……这一切的一切都可以让读者感受到死亡正在向村民逼近，这所有恶劣的环境对老汉来说就是一个极大的挑战，所有的环境都预示着当时的紧张气氛与事态的紧急。

文中多次穿插了对雨、桥、洪水的描写，不断推动着小说情节的发展，渲染了形势的危急，也烘托出老支书的沉着冷静、镇定果断、一心为民、大公无私的崇高品质。

（五）语言特点分析

本文的语言形式很有特点，短句多，自然段也极为简短，多以一两句短句组成，五百多字的小说，居然分成了 27 个自然段，全文急促、紧张的节奏，无形中让读者在阅读中产生顿挫、紧迫之感。

第 1 自然段描写暴雨，用"像泼。""像倒。"两个短句，仅仅四个字，却把暴雨之大之急表现得淋漓尽致，更渲染出形式极其危急，营造了紧张气氛，扣住了读者的心弦。

第 10 自然段描写老支书的语言"桥窄！排成一队，不要挤！党员排在后边！"，每一句都是短句，每一句都以感叹号结尾，掷地有声，表现出老支书的果断。

二、非小说单元文本分析——《跳水》

（一）教材分析

扫码查看6-3
课文《跳水》

《跳水》是统编版小学语文五年级下册第六单元中的一篇课文，是著名作家列夫·托尔斯泰的一篇微型小说。本单元以"思维的火花"为主题，编排了《自相矛盾》《田忌赛马》《跳水》三篇课文，以展现思辨和智慧的魅力。本单元的语文要素是"了解人物的思维过程，加深对课文内容的理解"，引导学生在把握课文内容的基础上，进一步了解文中人物解决问题的思维过程，从而培养学生对文章的整体把握能力和根据具体情况思考问题、解决问题的意识，知道要根据具体情况选择恰当的解决问题的方法。因此，在解读《跳水》一文时不能只关注小说的文体特征，而要把小说的文体特征和本单元的语文要素关联起来，找到其内在联系，才能更好地落实语文要素。在《跳水》一课中，我们可以结合课文后面的练习分析，从小说的要素之一——情节入手，先引导学生把握小说的故事情节，重点则放在情节的结局部分，着重分析看到孩子身在高高的横木上危在旦夕时船长的思维过程，感受船长缜密的思维特点。

（二）小说情节分析

本文主要叙述了一艘环游世界的帆船航行在风平浪静的大海上，水手们在甲板上拿猴子取乐，猴子又去戏弄船长的儿子，孩子为了拿回被猴子抢走的帽子，不知不觉爬上桅杆顶端的横木，情况十分危险。在紧急关头，船长急中生智，逼儿子跳水，孩子最终脱离了险境。

课文按故事的发展顺序展开叙述，可以分为三个部分。

第一部分（第1自然段）交代了故事的起因：一艘环游世界的帆船正在风平浪静的海面上往回航行，水手们拿船上的猴子取乐，猴子越发放肆起来。

第二部分（第2—4自然段）写了故事的经过：猴子抢走了船长儿子的帽子，爬上了桅杆，并做出各种怪样逗孩子生气，在水手们笑声的助推下，孩子为了把帽子抢回来，竟不顾一切地爬上桅杆，走上最高的横木，陷入了极端危险的境地。

第三部分（第5、6自然段）写了故事的结果：船长看到了这一危急情况，马上用枪逼孩子跳入大海，使孩子脱离了险境。

课文在情节的安排上十分巧妙。一方面具体而细致地描写了猴子“放肆”的行为表现，另一方面辅以水手们“取乐”的笑声，在猴子的逗弄下和水手的笑声中，孩子从“笑得很开心”到“哭笑不得”，再到“气得脸都红了”“气极了”，心情不断变化，直至不知不觉陷入了险境。文章对猴子逗弄孩子的过程描述得最为详尽，着重描写猴子的动作，以充分表现其任意妄为的“放肆”行径，可以看出猴子是惹孩子生气的直接原因。对于水手，文章着墨不多，只是围绕“取乐”，将其笑声穿插其间，这笑声是促使猴子行动放肆的原因，更是让孩子不管不顾走上桅杆顶端横木去追猴子的不可或缺的因素。在猴子和水手的双重影响下，孩子的自尊受挫，文章通过描写孩子的表现，将其爬上桅杆顶端横木的心情变化过程一步步展现在读者眼前。虽然故事涉及的人物较多，但主次有别，环环相扣，感染性强，孩子的心理变化和生命安全始终扣人心弦。

小说单元中的小说与非小说单元中的小说，在进行文本解读时是否存在差异？请你结合自己的学习体会谈一谈。

（三）船长的思维过程分析

船长是在文章的结果部分才出现的，这不同于有些文章全篇围绕主要人物、主要事件展开叙述，是本文在表达方面的特色之一。将关键人物安排在最关键的时刻，即孩子命悬一线、水手们都手足无措的情况下出场，更有利于加深读者对船长的认识和对事件意义的理解。

船长本来是想打海鸥的，却看见儿子正在桅杆顶端的横木上，处境十分危险，他立刻用枪瞄准了孩子，逼他往海里跳。从“立刻”二字能够看出船长做出这个决定是很快的、毫不犹豫的。“向海里跳！快！不跳我就开枪了！”“向海里跳！不然我就开枪了！一！二！”船长的语言十分干脆、简短，坚定地命令着孩子往海里跳。船长的决定在任何人看来都是无法理解的，作为父亲不想办法救孩子，却逼着孩子跳海，实在是太过于残酷。为什么船长要这样做呢？我们必须结合实际情况去思考。

孩子的处境如此危险，怎样才能救孩子呢？桅杆那么高，横木上难以回转身，孩子的腿在发抖，已经摇摇晃晃了，随时都可能从横木上掉下来。凭借着丰富的航海经验，船长断定这时候是无法爬上桅杆去救孩子的，孩子一旦掉在甲板上，必死无疑，但如果掉到大海里，也许还有一线生机。那么船长命令孩子往海里跳是不是在赌这一线生机呢？我们想，作为一位父亲，如果没有十足的把握，他是不会拿孩子的生命冒险的！那船长的把握在哪里呢？从最后一段我们得知“二十来个勇敢的水手已经跳进大海：四十秒，大家已经觉得时间太长了。”船长的把握就在他的船上有二十来个勇敢的且经验丰富的水手，从海里救上来一个孩子，对他们来说是一件轻而易举的事情。这些思考，船长在一瞬间就完成了，做出了最正确的判断，挽救了孩子，让我们不得不佩服他沉着处事的惊人智慧和当机立断的非凡勇气。

思考与练习

1. 有人说：小说这一文体，最突出的特点就是具有“三要素”——人物、情节、环境，任何一篇小说文本，都可以从这“三要

扫码查看6-4
课文《穷人》

素”展开分析。你同意这个观点吗？请说说你的理由。

2. 统编版小学语文六年级上册第四单元《穷人》一课中有许多描写环境的句子，请你分析它们在文中起到的作用。

3. 请你总结分析人物形象的方法，并分析统编版小学语文五年级下册第二单元《景阳冈》一课中的精彩片段。

那一阵风过处，只听得乱树背后扑地一声响，跳出一只吊睛白额大虫来。武松见了，叫声“呵呀”！从青石上翻将下来，便拿那条梢棒在手里，闪在青石边。那个大虫又饥又渴，把两只爪在地下略按一按，和身望上一扑，从半空里撺将下来。武松被那一惊，酒都做冷汗出了。说时迟，那时快。武松见大虫扑来，只一闪，闪在大虫背后。那大虫背后看人最难，便把前爪搭在地下，把腰胯一掀，掀将起来。武松只一躲，躲在一边。大虫见掀他不着，吼一声，却似半天里起个霹雳，振得那山冈也动。把这铁棒也似虎尾倒竖起来，只一剪。武松却又闪在一边。原来那大虫拿人，只是一扑，一掀，一剪，三般提不着时，气性先自没了一半。那大虫又剪不着，再吼了一声，一兜兜将回来。武松见那大虫复翻身回来，双手轮起梢棒，尽平生气力，只一棒，从半空劈将下来。只听得一声响，簌簌地将那树连枝带叶劈脸打将下来。定睛看时，一棒劈不着大虫。原来慌了，正打在枯树上，把那条梢棒折做两截，只拿得一半在手里。那大虫咆哮，性发起来，翻身又只一扑，扑将来。武松又只一跳，却退了十步远。那大虫却好把两只前爪搭在武松面前。武松将半截棒丢在一边，两只手就势把大虫顶花皮揪住，一按按将下来。那只大虫急要挣扎，早没了气力。被武松尽气力纳定，那里肯放半点儿松宽。武松把只脚望大虫面门上、眼睛里只顾乱踢。那大虫咆哮起来，把身底下扒起两堆黄泥，做了一个土坑。武松把那大虫嘴直按下黄泥坑里去。那大虫吃武松奈何得没了些气力。武松把左手紧紧地揪住顶花皮，偷出右手来，提起铁锤般大小拳头，尽平生之力，只顾打。打得五七十拳，那大虫眼里、口里、鼻子里、耳朵里都迸出鲜血来。那武松尽平昔神威，仗胸中武艺，半歇儿把大虫打做一堆，却似躺着一个锦布袋。

第七章 文言文解读

本章导读

文言文是指用文言写成的文章，包括上古的文言作品和历代模仿它的作品。文言文是相对于白话文而言的，也叫古文。古代并无“文言文”这一说法，该说法是新文化运动之后出现的。文言具有简洁、典雅等特征，注重典故、骈骊对仗、音律工整。学习文言文能够了解汉语言的源头，积累一定的文言语汇，培养文言的语感，不但能够学习语言文字的运用，而且能传承优秀传统文化的基因。

学习目标

1. 掌握文言文文体特征，能够在教材选文中准确分辨出文言文。

2. 了解统编版小学语文教材中文言文编排特点，掌握文言文文本分析的方法和策略。

3. 能够运用文言文文本分析的方法和策略解读统编版小学语文教材中的文言文，培养文学鉴赏能力和审美情趣。

思政目标

1. 学生初步感受文言文的语言特色，培养文言语感、积累文言语汇，感受中国文化的源远流长及独有魅力。

2. 学生通过触摸传统文化精髓，接受优秀传统文化的熏陶，从而继承和弘扬中华优秀文化，树立文化自信。

第一节 文言文的文体知识

一、文言文的定义

“文言”是与“白话”相对而言的。“文言”是以我国先秦时代的口头语言为基础而形成的一种书面语言。文言文是指用文言写成的文章，包括上古的文言作品和历代模仿它的作品。古代并无“文言文”这一说法，该说法是新文化运动之后出现的。文言文具有言文分离、行文简练的特点。其特征是以文字为基础来写作，注重典故、骈骊对仗、音律工整且不使用标点。一般包含策、诗、词、曲、八股、骈文、古文等多种文体。

二、文言文的语言特点

1. 言文分离

文言文之难，难在“言文分离”。言文分离指文言文中作者的语言和文字不一致，亦即口头表达和书面表达有很大的差异。语言学研究认为，书面语是在口语的基础上产生和发展起来的，二者相互影响又互相促进，关系非常密切。文言是在先秦口语的基础上形成的，但随着时间的推移，文言与后世的口语逐渐拉开距离。从汉魏到明清，由于官方的推行和科举考试的需要，读书人刻意模仿“四书、五经”的语言写诗撰文，以古雅为尚。这样，作为书面语的文言就与人们口头实际用的语言距离越来越大了，形成了言文分离的现象。

例如，想问某人是否吃饭了，用口头语言表述是“吃饭了吗?”，而用书面语言进行表述却是“饭否?”。“饭否”就是文言文，这里“饭”名词作动词用，意思为吃饭。

2. 行文简练

我国古代的重要典籍大多是用文言写成的，其中许多不朽的作品，历来以简约精练著称。可以说文言本身就包含着简练的因素：一是文言文中单音节词占优势，双音节词和多音节词比较少。例如，文言文中“妻”指“妻子”；“子”指“儿子”。二是文言文多省略，省去主语、宾语、谓语介词的情况很常见。例如，《狼》一文中“屠惧，投(狼)以骨。”省略了动词宾语。加上历代名家多注重锤炼语言，讲求“微言大义”，所以就形成了文言文行文简练的风格。

一直到五四运动以前，文言作为占统治地位的书面语言被人们代代相传和沿用，其语言成分基本未变。虽然后人在模仿中难免会掺入些许当时的口语，从而给文言带来细微的变化，但从总体看来，文言在词汇系统、语法系统方面基本保持了原先的面貌。

三、文言文常见文体及特点

文体，指文章的体裁、类别。文体划分的标准主要是从文章的语言形式、文章的内容、文章的应用范围三方面考虑的。如果就语言形式而言，古代文(文言文)文体可以分为韵文、骈文、散文三个大类。韵文和骈文、散文的区别在于押韵不押韵。韵文是押韵的，如《诗经》《楚辞》以及各个时代的诗歌。另外，用于规诫的箴铭一类的文章也押韵，属韵文，如刘禹锡的《陋室铭》。骈文和散文是不押韵的，两者的区分是前者讲求平仄、对仗。在句式上一般都是四六对仗(所以骈文也叫“四六”文)，如吴均的《与朱元思书》就是骈文，散文没有这些规定。散文这个概念很广泛，凡韵文、骈文以外的文章，都可以称为散文。唐宋人把骈文叫作“时文”，把散文叫作“古文”。韩愈、柳宗元和欧阳修倡导的古文运动，从文体而言，就是反对骈文而提倡散文。散文有广义、狭义之分，广义的散文指一般非韵文的作品，狭义的散文指文学体裁的一种。我们讲古代散文用的是广义散文这一概念。古代散文可分为史传文、论说文、杂记文、应用文四类。下面分别介绍这四类散文的特点。

(一) 史传文

史传文也叫历史散文，主要有三种。

1. 编年体

这种体裁的历史散文的主要特点是以年代为线索编排相关的历史事件。编年体历史散文以《左传》和《资治通鉴》影响最大。《殽之战》《赤壁之战》也是这种文体。

2. 纪传体

这种体裁的历史散文的主要特点是通过记叙人物活动反映历史事件。纪传体的创始人是司马迁，他的《史记》就是以本纪、世家、列传为主要内容的。我们通常所说的二十四史都是这种体裁，如《鸿门宴》《廉颇蔺相如列传》《苏武传》《海瑞传》都是这种体裁。纪传体史传文对小说、故事等文学形式的发展有重要意义，如六朝的志怪小说、唐宋传奇以及蒲松龄的《聊斋志异》等深受《史记》的影响。《柳毅传》《促织》就是这种文学作品。

3. 纪事本末体

这种体裁首创于南宋时期的袁枢。袁枢根据《资治通鉴》所提供的材料，写了一部《通鉴纪事本末》，把 1300 多年的历史归纳为 230 多个专题。它的特点是以事件为主线，将有关专题材料集中在一起，如“三家分晋”“秦并六国”“高帝灭楚”“匈奴和亲”等。

（二）论说文

论说文是阐明事物道理的文章。它要求有明确的论点，有可信的论据，有严密的论证。政论、文论、史论、学术论文等都属于论说文。春秋战国时期，论说文已经发展到了相当完备的阶段。所谓“诸子百家”都属于论说文的范围。当时的论说散文主要有两种形式：一种是语录，如《论语》《孟子》主要是记录孔子、孟子平常的言论。这种论说文基本上没有完整的篇章结构，每篇的题目并不等于论题，与文章的内容没有什么内在的联系。如《论语》第一篇的题目即取第一句话“子曰：‘学而时习之’”中的“学而”两个字，与全篇内容无关。另一种是论文集，如《墨子》《庄子》《荀子》《韩非子》《吕氏春秋》等。我们学过这些论文集里的文章，这些文章都有正式的题目，每一篇文章有明确的主题，文章的结构、层次、开头结尾都很讲究。从秦汉开始，论说文有了新的发展，出现了大量的单篇论文，体裁也趋向多样化，常见的有以下几种。

1. 论

“论”的议论方式以论证为主，这种体裁要求善于析理，析理愈透、愈精，就愈能体现这种体裁的特点。西汉初年贾谊的《过秦论》是较早出现的单篇论文。后来各代都有一些著名的“论”，如南北朝范缜的《神灭论》、宋代苏洵的《六国论》等。

2. 说

“说”这种文体的主要特点是阐述某一事物、某一问题的义、理。如韩愈的《师说》是阐明师这种职业的道理；柳宗元的《捕蛇者说》是阐明捕蛇者为什么要以捕蛇为业的道理。

“论”与“说”的界限很难分得那么清楚。一般来说，人物论、史论等庄重一些的内容，大都采取“论”这种体裁；一些接近于文学散文的“说”，常常不采取“论”这种体裁，如周敦颐的《爱莲说》就不能改为《爱莲论》。

3. 辩

“辩”是辩是非，论真伪。这种文体的特点是驳证五个错误的论点或辩证某些事实。韩愈的《讳辩》、柳宗元的《桐叶封弟辩》都是这种文体的名篇。

4. 原

“原”是探源的意思。这种文体是针对某种理论、主张、政治制度或社会习俗，从根本上考察、探讨，理论性比较强。韩愈的《原道》《原毁》、黄宗羲的《原君》《原臣》都是这种文体的名篇。

5. 寓言

寓言是一种文学形式，好的寓言都应该富有哲理性。先秦诸子的哲学论文中已有大量的寓言，如《庄子》中的《庖丁解牛》，《韩非子》中的《守株待兔》等。唐代柳宗元的《三戒》也是著名的寓言。

6. 书信

书信按照应用范围的标准划分，可归于应用文。但如果按文章的语言形式和内容来说，大多数书信应归于议论文。书信在古代议论文中占有相当重要的位置，如韩愈的《答李翊书》、王安石的《答司马谏议书》。

7. 赠序

赠序是赠人以言，就应用范围而言是应用文，但就语言形式来说属议论文。宋濂的《送东阳马生序》就是代表之一。

8. 奏议

奏议从应用范围来说，可归于应用文。但就内容来说，大部分是议论文。就语言形式来分，有的奏议是骈文，有的是散文。奏议有很多种，下面介绍三种。

(1) 疏：疏是分条陈述的意思。如贾谊的《论积贮疏》、魏征的《谏太宗十思疏》等。

(2) 表：陈述某种情或意见。如李密的《陈情表》、诸葛亮的《出师表》等。

(3) 对策：古代考试把考题写在策上，令参加考试的人回答，称为“策问”，考生回答的文章叫作对策，如苏轼的《教战守策》。

（三）杂记文

杂记文可分为两类。

1. **山川、景物、人事记**

这一类文章很多，如柳宗元的《小石潭记》、范仲淹的《岳阳楼记》、姚鼐的《登泰山记》等。

2. **笔记文**

笔记文以记事为主。它的特点是篇幅短小，长的也不过千字左右；内容丰富，有历史典故、逸闻趣事、文艺随笔、人物短论、科学小品、文字考证、读书杂记等五花八门。《世说新语》《梦溪笔谈》就是这种文体。

《世说新语》是我国最早的一部文言志人小说集。你知道统编版小学语文教材中有哪些文言文是出自这本书吗？

（四）应用文

应用文的范围很广泛，下面介绍比较特殊的两种。

1. **墓志铭**

墓志铭是刻在石头上并埋在坟墓里的文字，内容是记述死者生平事迹的。如韩愈的《柳子厚墓志铭》就是名篇。

2. **祭文**

祭文是祭祀或祭奠时表示哀悼或祷祝的文章，内容主要为哀悼祷祝，追念死者生前主要经历，颂扬他的品德业绩，寄托哀思，激励生者。如袁枚的《祭妹文》选取自己所见、所闻、所梦之事，对妹妹袁机的一生做了绘声绘色的描述，渗透着浓厚的哀悼、思想以及悔恨的真挚情感。

第二节 文言文的解读方法与策略

一、统编版小学语文教材中文言文选文特点

扫码查看7-1
文言文选文统计表

（一）选文篇数与字数随年级的升高递增

就单篇而言，三至六年级共选编了 16 篇文言文，这 16 篇文言文随着年级升高字数在逐渐增加，三年级上册第一篇文言文《司马

光》只有30字，而到了六年级下册《两小儿辩日》就达到了119字，还有一篇是近代梁启超的《少年中国说》达到了216字。但相较于初中而言，选文的字数都比较少，60字以下的就有8篇，达到了小学阶段选文的一半。就年级而言，篇数也是逐年递增，三年级上学期和下学期各安排了一课一篇，到了四年级安排的是三课四篇，五、六年级安排的都是四课四篇。

（二）选文内容注重民族文化与精神的呈现

经典性、语文性、适用性、多样化是选文的几大特色。选文秉承立德树人的宗旨，所选文章强调文质兼美，能够传承和发扬中华优秀传统文化。16则文言文的创作年代，从战国前期到清朝末年，时间跨度很长，体裁也多样，或多或少都体现了中国元素，体现了文化的传承与反思。例如《少年中国说》等篇目，体现了古人，胸怀天下的家国情怀。《司马光》《王戎不取道旁李》《囊萤夜读》《铁杵成针》《古人谈读书》《学弈》等篇目多从个人人格修养方面，引导学生明辨是非、勤奋好学、坚韧豁达、奋发向上，自觉形成良好的道德品质和行为习惯。

（三）选文内容的编排体现了由易到难的梯度

文言文的分布体现了由易到难的特点。比如，三年级的选文篇幅特别短小，故事性、趣味性很强，只要求跟着老师朗读课文，注意词句间的停顿，并用自己的话讲一讲这个故事。到了三年级下学期就要求把课文读通顺，借助注释读懂课文，还要知道寓言故事中蕴含的道理。五年级除了读懂之外，更注重向课外拓展，如《少年中国说》一文课后练习中安排制作一份有关中国杰出人物的手抄报。到了六年级，不仅要借助注释了解课文的意思，还要能整体感知文本，具有综合评价的能力，如《杨氏之子》课后就有这样的要求：让学生谈谈可以从哪里看出杨氏之子的智慧？面对这样的教材，面对初步接触文言文的学生，面对新的课程标准，我们应给这些选文准确的价值定位，采取科学的教学策略。

二、文言文的解读方法与策略

（一）重视诵读，把握文言文文辞特点

文言文语言凝练，意蕴隽永，具有独特的语言韵味。反复诵读文言文，读出节奏、读出韵味、读出文言文内容的意思，是理解文言

文的一个重要途径。

1. **研读关键字句，感受表达精准**

文言文在遣词造句上特别讲究，在文中独特的炼字处反复咀嚼、品味，探究文字背后的内涵，可以促进对文本内容的理解，读出课文的精髓。如统编教材三年级上册《司马光》一课中，课文中有这样一句话“水迸，儿得活”。注释中对“迸”的解释是“涌出”。紧扣“迸”一词比较阅读，体会“迸”能不能换成“流”。结合插图和生活经验认为，不能把“迸”换成“流”，因为“流”的速度慢，从图片上可以看出当司马光把缸砸破以后，水是喷涌而出的，表明水流得很快很急，正因为水很快流出，所以孩子得救了。经过阅读比较之后，真切感受文言文用词准确恰当的特点。

2. **研读特殊句式，传承优秀文化**

文言文有着特有的章法或者语法系统，如一些倒装句、判断句等，研读在具体语境中迁移运用这些特别的句式，可以培养语感，促进文化传承。如统编教材三年级上册《司马光》一文中，“群儿戏于庭”是一个倒装句，状语后置。翻译为现代句式，即“一群孩子在庭院内玩耍”。通过诵读学习这种倒装句式，在迁移运用中感受文言文语言凝练、意蕴丰厚的文化魅力，可促进对中华文化的传承与理解。

3. **研读反复语句，体会文本情感**

反复处即文中反复出现的地方。就文本的反复处揣摩、感受、体会，可以促进对文本情感的把握，对文本的理解更进一层。如统编教材五年级上册《少年中国说（节选）》一文中，课文第一自然段多次出现“少年……则国……”这样的句式，并且从“智、富、强、独立、自由、进步、胜于、雄于”这几方面阐明了少年与中国之间的关系。通过反复品读，不难发现这些词语之间是层层递进的关系，这些词语把中国少年与少年中国之间的关系紧密联系在一起，从中真切感受到中国少年在中国强盛兴旺中担负的重任，整段文字朗读起来给人一种气势磅礴之感，激情洋溢，富有震撼性与鼓动性。

（二）掌握断句技巧，理解文本内容

中国古代文言文一般是不用标点符号的，因此需要“明句读”。句读是进入文言文体系的方式，俗称“断句”，拼音为 jù dòu，也称为句逗。古时称文词停顿的地方为句或读（dòu）。连称句读时，

句是语意完整的一小段，读是句中的语意未完、语气可停的更小的一段。如果不懂句读，往往会造成误读、误解。正确掌握文言文中的断句技巧，不但在朗读的时候能够抑扬顿挫，体现声韵之妙，而且可以帮助读者更好地理解文本内容。

1. 对话断句法

文言文中，对话最易被发现，注意表示对话的标志性字词，如“曰、云、言、谓、道”。但需注意两点：一是对话中又有对话的情况；二是文中省略说话人和“曰”字的，如《两小儿辩日》中多次出现“一儿曰”，需要在每一个“曰”后进行断句。

2. 虚词断句法

古人的文章没有标点符号，为了明辨句读，虚词就成了重要的标志。尤其是语气词和连词的前后，往往是该断句的地方。以下是常见虚词：

(1) 放在句首的发语词有：夫、盖、焉、惟、斯等。

(2) 放在句尾的语气词有：也、矣、乎、哉、与(欤)、焉、耶(邪)等。

请你谈一谈小学阶段文言文解读的侧重点是什么？

(3) “以、于、为、则、而”，往往用于句中，在它们的前后一般不断句。但“而”表示转折，且后面为一个比较长和完整的句子时，“而”字前面要断开。

(4) 有些复音虚词大体上都位于一句话的开头，这些词前一般要断句。如且夫、若夫、乃夫、已而、至若、于是、虽然、至于、是故、向使、纵使等。

(5) 疑问语气词：何、胡、安、曷、奚、盍、焉、孰、孰与、何如、奈何、如之何、若之何等，这些词或固定结构之后，一般可构成疑问句，只要贯通上下文意，就可断句。

(6) 复句中的关联词：虽、虽然、纵、纵使、向使、假使、苟、故、是故、则、然则、或、况、而况、且、若夫、至于、至若、已而、于是、岂、岂非，在它们的前面一般要断开。如《学弈》中，“虽/与之/俱学，弗若之。为是/其智/弗若？吾曰：非/然也。”文中“虽”“矣”“与”“也”等多处虚词需要断句。

3. 语序句式断句法

文言文中的特殊句式和格式对文言文句读有着非常大的帮助。文言句式(判断句、省略句、被动句、倒装句、固定句式)也可作为文言文断句的切入点。如判断句“……者，……也”，被动句“为……所……”“见……于……”，固定句式“何……之有”

“如……何”“其(庸)……乎”“孰与……”(均表疑问或反问),这些句式是文言断句的重要标志。文言文中经常出现省略的情况,应根据语境将省略部分补充完整,再进行句子结构分析。如《守株待兔》中“兔/不可/复得,而身/为宋国笑”,“为”加动词表示被动,需要在前面断句。

4. 名词断句法

通读全文,找出人名、地名、事物名、朝代名、国家名、官职名等(这些名词常在句中作主语或宾语)。然后考虑:什么人,办什么事情,采用什么方式,取得什么结果等,在此处需要断句。

(1) 人称代词

“吾、我、予、余、朕、孤、寡人、臣、仆、妾”等词,代说话或写文章的人,即第一人称代词。其中“我”字,不仅各时代的文言皆用,而且一直用到现在;其余的在现代汉语中都不用了。“尔、汝、女、若、乃、而、子、君、公、阁下、陛下、足下”等,代受话人,是第二人称代词,相当于现代汉语的你(您)。其中阁下(陛下)在外交用语中还用。“之、其、彼”,代谈话或为文所及的第三者,是第三人称代词,今作他或它,不仅代人,还可以代事、代物。

需要注意的是,文言文中,人名第一次出现时往往用全称,以后再出现就只提名不提姓,或只提姓不提名了。如《杨氏之子》中,“孔君平/诣其父”“孔/指以示儿/曰”。

(2) 疑问代词

文言的疑问代词中,问人的有“谁、孰、何”(“何”也问事);问事的有“奚、胡、曷、恶、安、焉”等。如《两小儿辩日》中的“两小儿/笑/曰:‘孰/为汝/多知乎?’”

(3) 指示代词

文言常见的指示代词有“此、是、斯、兹、夫”等,“之、其、彼”除作人称代词外,还常作指示代词。

5. 修辞断句法

文言文中往往会用到排比、对偶、反复、顶真等修辞手法,句式整齐,四六句多,是文言文的一大特点。利用好这些特点对我们断句很有帮助。古文中两个相同词语连用,如果不属于形容词、名词的重叠形式,一般来说是用了顶真手法,它们分属两句话,应当从中间断开。如“少年智/则国智,少年富/则国富,少年强/则国强,少年独立/则国独立,少年自由/则国自由,少年进步/则国进步,少年/胜于欧洲,则国/胜于欧洲,少年/雄于地球,则国/雄于地球。”

文中运用排比，句式整齐，频繁出现形式对称的内容，可以很好地据此断句。

附断句顺口溜：

古文断句莫畏难，仔细琢磨只等闲。

文段休问长与短，熟读精思是关键。

内容大意全理解，始可动手把句断。

联系全文前后看，先易后难细分辨。

紧紧抓住“曰”“云”“言”，对话最易被发现。

常用虚词是标志，更有规律供参看。

习惯句式掌握住，固定结构莫拆散。

词性词义要精研，语法结构帮助判。

排比对偶与反复，修辞提供好条件。

相同词语紧相连，一般中间要点断。

（三）巧借工具，积累文言知识

“阅读浅易文言文，能借助注释和工具书理解基本内容”是小学阶段学习文言文的主要目标。巧借工具可以很好地帮助理解文意，并积累文言知识。

1. 借助注释

文言文中，编者对文本出处和疑难词句已经做了相应的注释，借助注释是理解文言文最直接有效的方法。不仅如此，借助注释还能辨别字音。如《伯牙鼓琴》中，对“少选之间而志在流水”中“少”字的读音、“以为世无足复为鼓琴者”中“为”字的读音有疑问时，可以从注释中找出这两句的意思，根据词意、句意再来确定读音。

2. 查阅工具书

有些词语的意思注释中没有，这就需要查阅工具书，从工具书里选择恰当的解释。如《伯牙鼓琴》中，“方鼓琴而志在太山”中的“方”文中没有注释，查阅工具书，发现“方”的意思很多，再结合原文，就能知道“方”此处是时间副词，表示“刚刚，方才”的意思，那么再理解句子的意思则就容易多了。

（四）学会聚焦，加深故事型文本理解

统编版教材有很多故事型文言文，为了更好地读懂文本，通过聚焦标题、故事、人物等方式，可以快速寻找到理解文意的突破口，

加深对内容主旨的理解。

1. 聚焦标题

对于故事型文本，读懂标题，能直接了解文言文大意，有助于探析文言文主旨，更好地理解全文大意。如针对《囊萤夜读》，结合注释可以认识到“囊萤夜读”即用袋子装萤火虫提供照明在夜晚读书。《伯牙鼓琴》《两小儿辩日》等，从题目中可以了解文章大意。

2. 聚焦故事

对故事类的文言文来说，理解句意、读懂故事内容是重点。借助课文注释或者课文插图等理解句意，读懂故事内容，是理解文言文的重要方法与路径。如《王戎不取道旁李》，紧扣文本中的关键词句，读懂课文要告诉我们的道理。思考：看到道边李树多子折枝，诸儿是怎么做的？王戎是怎么做的？紧扣“树在道边而多子，此必苦李”，从而明白遇到事情要善于动脑筋思考、不盲从等道理。这样通过关键句层层深入思考，既读懂了课文内容，也明白了课文要告诉我们的道理。

3. 聚焦人物

故事类文本中塑造了许多鲜活的人物形象，这些人物形象的优秀品质值得学习，如车胤、伯牙等。聚焦人物的言行，可以对人物精神品质有更好的了解。

（1）查找人物背景资料

文言文中的人物距离实际生活较远，很难对人物的做法产生共鸣或者感同身受，通过查找一些历史背景资料，可以更好地感悟人物的精神品质。如统编教材六年级上册《伯牙鼓琴》一课中，课文中的主要人物是伯牙与钟子期，由于对伯牙与钟子期的人物缺乏了解，很难感受到伯牙与钟子期之间的友情，对伯牙破琴绝弦的行为也难以感到认同。通过查找历史背景资料知道，伯牙是春秋战国时期人，最擅长弹琴；钟子期是一个樵夫，有着很高的音乐鉴赏能力。不管伯牙如何弹琴，钟子期都能准确地道出他的心意，伯牙因遇到钟子期而欣喜，曾说“相识满天下，知音有几人”，足见伯牙对他们友情的重视。当对伯牙与钟子期之间的故事有了一定的了解之后，才能对钟子期死后伯牙的伤心、悲恸欲绝等有较为深刻的感受。在这种情形下，伯牙认为世上再无像钟子期一样的知音，于是破琴绝弦的行为就不难理解了。此时，也可逐步真切感受伯牙与钟子期友情的珍贵。

（2）品析人物描写语言

人物的言行与其品质有着密切的关系。边读边画出文章中描写人物言行的句子仔细品读，可以对人物的精神品质感受更加深刻。如教学统编教材五年级下册《杨氏之子》，品析文中描写杨氏之子言行的句子：从杨氏之子尊称孔君平为“夫子”中感受他是一个有礼貌的孩子；从“为设果”这句话中感受到了杨氏之子很有礼貌，当有客人来时，他能够主动用水果来招待客人；从杨氏之子“未闻孔雀是夫子家禽”这句话中“未闻”一词中感受到了杨氏之子应答的婉转，以及同样用谐音应答孔君平的聪慧机智幽默等。抓住描写人物言行的词句进行品读，可以促进对人物品质的理解与把握。

第三节　文言文课例分析

小学阶段我们对文言文并没有提出过高的学习要求，所选取的文言文大多篇幅短小、故事性强、浅显易懂。文言文教学的关键之处在于让小学生了解文言是汉语言的源头，积累一定的文言语汇，培养文言的语感，传承优秀传统文化的基因，为中学的文言学习做好准备。

下面我们主要以统编教材五年级下册的《杨氏之子》一文为例进行文本解读。

一、明要素、知出处，抓住教学重点

扫码查看7-2
课文《杨氏之子》

《杨氏之了》是五年级下册第八单元的一篇文言文，讲述了梁国一户杨姓人家中的九岁男孩与父亲的朋友孔君平机智对谈的经过，塑造了一个机敏善对的聪慧的儿童形象。

本单元围绕“风趣与幽默”这一主题编排了三篇文章，语文要素是“感受课文风趣的语言”，意在让学生体会趣味性语言的魅力，激发学生学习语言的热情与兴趣，同时提升学生对语言的品鉴能力。

本文选自《世说新语·言语》，是《世说新语》的第二篇，共108则故事。所记的是在各种语言环境中，为了各种目的而说的佳句名言，多是一两句话，非常简洁，可是一般却说得很得体、巧妙，或

哲理深迢，或含而不露，或意境高远，或机警多锋，或气势磅礴，或善于抓住要害一针见血，很值得回味。

因此，我们在进行文本解读以及教学时，重点在于品读主客之间的对话，从应答中感受杨氏之子的机智。

二、读通课文，理解文意

文言文的表达方式与现代汉语具有较大的差异，因此在解读文本时，必须先注意划分节奏，读准句中的停顿，这样理解文意才会更加顺畅。本文的节奏划分如下：

梁国/杨氏子/九岁，甚/聪惠。孔君平/诣其父，父/不在，乃/呼儿出。为/设果，果/有杨梅。孔/指以示儿/曰："此/是/君家果。"儿/应声答曰："未闻/孔雀/是/夫子家禽。"

本文在划分节奏时特别注意课后习题中指出的两句话：一是"孔指以示儿曰"。划分这句话的节奏时，我们需读懂文义。"孔"是指孔君平，"指"是指孔君平用手指着杨梅，"以"是"给，用以……"的意思，"示"是"给……看"，"儿"指杨氏之子，整句话的意思是"孔君平指着杨梅对杨氏之子说"，根据句意我们可以正确划分停顿之处。二是"未闻孔雀是夫子家禽"。此句划分停顿的争议之处在于"夫子家禽"。在现代汉语中"家禽"是一个词语，指家里养的鸡、鸭、鹅等；但是在古代汉语中"家禽"是两个词语"家"指夫子家，"禽"指家禽，所以在停顿时可以在"家""禽"二字之间停顿，这样就能够正确理解词义，若不停顿，那么就必须强调"家禽"在古今汉语中的意义差别。

请结合自己的学习体会谈一谈小学阶段需要学习哪些文言知识。

理解文意时，可以运用借助注释、联系上下文等方法。如"孔君平诣其父"一句，通过注释知道"诣"是"拜访"的意思后，就能理解句子的意思了；"为设果"一句，联系上下文思考，会发现这是一个省略句，省略了主语"杨氏之子"，补充完整主语，句子的意思就明确了；还有"孔指以示儿曰"，教材中给出了"示"的注释"给……看"，联系上下文思考"谁把什么给谁看"，能发现这也是一个省略句，省略的是宾语"杨梅"，把宾语补充完整，句意也就明确了。

本文中还有一个通假字"惠"，同"慧"。"聪惠"是"聪明、有智慧"的意思，现在这个词语一般写为"聪慧"。

三、品读语言，感受杨氏之子的机智

故事中人物机智的特点鲜明，主客对话风趣巧妙，解读文本时要关注文中的细节，从中感受杨氏之子的机智。

首先，抓住杨氏之子的行为，品读“为设果”。从文章第一句话的介绍可以得知杨氏之子只有九岁，孔君平来拜访时父亲又不在，作为一个九岁的孩童，能够主动地摆上水果招待客人，可见他不但聪明，而且十分懂礼数。

其次，抓住人物对话，品读“儿应声答曰：‘未闻孔雀是夫子家禽’”。文章中的对话刚好是你一言我对一语，因此可以先从孔君平的话语进行分析。孔君平指着杨梅对杨氏之子说：“此是君家果。”他为何如此说呢？是因为“杨梅”中有“杨”，杨氏之子又姓杨。联系生活品读此句，不难发现孔君平之所以这么说，实则是处于长辈对于晚辈的喜爱，就是一种调侃，一种逗弄。此时，杨氏之子“应声答曰”，孔君平的话音刚落，杨氏之子就应答出来了，这样的不假思索鲜明地表现出他虽然年幼，但思维敏捷。而后分析杨氏之子的对答语“未闻孔雀是夫子家禽”，用“夫子家禽”对“君家果”此谓妙哉，“夫子”就是孔君平，孔君平姓孔，“孔雀”中亦有“孔”。此句中的“未闻”二字也值得细细地品一品。“未闻”能去掉吗？去掉之后也是一个巧对，意思好像没有多大的变化。但是联系当时的情境，孔君平是杨氏之子父亲的朋友，作为晚辈，在长辈逗弄调侃之时直接反驳似乎有失礼貌，加上“未闻”二字，语气就委婉得多，既巧妙地回应了，又不失对长辈的尊敬。再把这句话读一读，“儿应声答曰：‘未闻孔雀是夫子家禽’”，这一系列的思考，杨氏之子在一瞬间就完成了，他的机智、风趣、聪慧不得不令人叹服啊！

思考与练习

1. 对于文言文教学，有人认为非常困难，有人却认为十分简单，为什么他们的看法刚好相反？请你结合本章节所学，谈谈你的看法。

2. 统编版小学语文六年级上册第七单元《伯牙鼓琴》一课中插入了“资料袋”，请你分析它在解读文本时起到的作用。

资料袋

伯牙、锺子期相传为春秋时期人，关于他们二人成为知音的传说，《吕氏春秋》《列子》等古书均有记载，也流传于民间。由于这个传说，人们把真正了解自己的人叫作“知音”，用“高山流水”比喻知音难觅或乐曲高妙。

我国古诗常提及伯牙、锺子期的传说，如：

锺期一见知，山水千秋闻。 ——孟浩然《示孟郊》

锺期久已没，世上无知音。 ——李白《月夜听卢子顺弹琴》

故人舍我归黄壤，流水高山心自知。 ——王安石《伯牙》

3. 请你总结分析文言文的解读策略，并设计统编版小学语文三年级上册第八单元《司马光》一课的教学目标及教学活动。

第八章

说明文类文本解读

本章导读

说明文是以说明为主要表达方式，用来解说事物、阐明事理而给人以知识的文章。说明文在小学教材的阅读谱系中，有其特定的个性特点和独特的阅读价值，它文智理融合的特点，在传递知识的同时，还能够帮助学生养成严谨的态度，形成缜密的思维。

学习目标

1. 了解说明文的文体特征，能够在统编版教材中正确辨识说明文。

2. 掌握说明文的解读方法和策略，并能够运用所学方法解读说明性文章。

思政目标

1. 学会尊重科学，敬畏自然，注重培养学生的科学意识，激发他们的创造力。

2. 在解读文本的过程中，感受中国辉煌的历史文明以及蓬勃发展的现代科技，增强民族自豪感。

第一节 说明文的文体知识

一、说明文的演变及定义

说明文是一种以“说明”为主要表达方式，用来解释事物、阐明事理、传递知识的文章体裁。说明文文体的发展历史颇为悠久，但古代学者们对这类文体的研究较为粗浅，直到现当代才对此文体的理论研究逐步深入。

（一）古代说明性文体初现眉目

说明性文字最早出现在古代的《尚书·禹贡》《仪礼》的一些文章中。无独有偶，一些说明性文字还出现在了北宋与元朝的《梦溪笔谈》和《农书》等著作中。可见，古代就已经存在了说明性文章。虽然说明性文章出现时间较早，但在古代针对文体分类的著作中，“说明”未成单独的文体类型，而是将说明性的文章当作“记”或“杂记”类。另外，在古代文体分类中的议论文中，出现了“说”这种形式，在先秦时期“说”有“游说”之词的含义，含有说明、申明或讲明事理的意思，秦汉时期之后才出现以说明为主的并带有杂感性质的说明文。到了清朝末年正式使用说明文这一名称，伴随洋务运动的展开，从西方传入中国的不仅有先进的科学技术还有西方的文体分类思想和修辞学，为适应这一新形势，说明文应运而生。清代龙柏纯的《文字发凡》中以日本辞书分类法为标准，对中国的文体进行分类，说明文属于实用文体的一类。中国古代只在著作中出现了零星的说明性文章，并没有单独列为一体，而是混杂在散文之中，所以人们并不重视说明文文体，这在一定程度上影响了说明文文体的发展。在漫长的古代社会中，由于人们不重视说明文，并未留下优秀的说明文。

（二）新文化运动后说明文蓬勃发展

五四运动以后，由于新文化运动的兴起，蔡元培在《论国文的趋势》中提出“说明的实用文”项目。虽然有学者们提出了“说明文”这一文体，但是并未对文体进行进一步的阐释说明，夏丏尊和刘熏宇所著的《文章作法》是最早对说明文文体进行介绍的文章。叶圣陶的《文章例话》一文中也提出了关于说明文文体的概念，即说明文就是要讲明白自己内心发现和理解的道理。自此以后，研究说明文的文章逐渐增多。随着科学技术的发展与说明文体的确立，许多作家纷纷关注知识小品文，形成了小品文的写作高潮。在杂志上刊登科学小品文最早可以追溯到陈望道于1934年在上海主办的《太白》半月刊创刊号，随后，小品文大量地被刊登在诸多杂志上，科学小品文进入了快速发展的时期，并逐渐成为一种具有短小精悍、生动活泼、文情并茂，富有知识性、文艺性、科学性等特点的说明文新样式。

（三）当代说明文成为重要的文章体式

当今社会，说明文几乎成为人们日常生活中不可缺少的文章体式。但是值得注意的是，当代的说明文文体与古代的略有不同。古代说明文文体大都是比较客观地对事物进行介绍性的说明，能够层次清楚、语言简洁的将事物介绍清楚。随着说明文的发展，从古代的“杂记”到1919年五四运动之后的“解释文、小品文”再到现代的说明文，由对事物客观说明到注重表达技巧的运用，说明文文体的发展日渐成熟。

“除了诗歌、小说、戏剧、散文之外的所有文体，统称为实用文。”[①]演讲稿、书信、说明文等是教科书中常见的实用文。说明文是采用说明为主要表达方法的文章体裁。它借助对实体事物科学的解说，对客观事物做出说明或对抽象事理的阐释，使人们对事物的形态、构造、性质、种类成因、功能、关系或对事物的理念、特点、来源、演变、异同等能有科学的认识。而文本中使用一系列的说明方法，如下定义、举例子、列数字等，可方便读者了解和运用。

二、说明文的分类

（一）依据说明的对象和目的不同，分为事物性说明文和事理性说明文

1. 事物性说明文

事物性说明文主要是用来介绍事物性质、状态、特征、功能的

① 王荣生. 实用文教学教什么[M]. 上海：华东师范大学出版社，2014：47.

文章，阐释事物“是什么样”的问题。世界万物浩瀚无际，事物性说明文旨在介绍大到江河湖泊，甚至是太空世界的星球，小至昆虫草木等事物，为人们发现、了解、认识事物服务。事物性说明文在教科书中也是常见的文体形式，比如《鲸》一文从形体特点、进化过程、种类和生活习性等方面详细地介绍了鲸这种动物。《飞向蓝天的恐龙》一文中从恐龙的演变、种类、体形、活动方式等方面介绍了恐龙的特点，着重介绍了小型恐龙演化成鸟的过程。通过阅读事物性说明文，我们可以深入感知文章所介绍的说明对象的特点。

请你梳理归纳一下统编版小学语文中教材中的事理性说明文有哪些。

2. 事理性说明文

事理性说明文一般从实际生活中的现象或存在的问题出发，探究出现这类现象或者问题的原因，最终得出结论或者给予人们启示，解决“为什么是这样”的问题。《只有一个地球》一文主要探究的是地球与人类活动之间的因果关系，最终呼吁人们要保护地球。《花钟》一文解释了不同植物开花时间不同的原因。《宇宙生命之谜》一文的作者分析了生命存在的四个条件，解答了“地球之外的太空中是否有生命存在”这个疑问，通过分析得出结论——行星中不会有生命存在，还需要人们继续探索宇宙生命之“迷”。像这样分析事物之间的因果关系、论述介绍科学道理的文章属于事理性说明文。事理性说明文能将事理阐释清晰，文章逻辑结构严谨，通过阅读此类说明文，有助于培养学生严谨的逻辑思维能力。

(二) 按照语言特点，分成平实说明文和生动说明文

1. 平实说明文

平实说明文的语言朴素简洁，一般是围绕一个事物直截了当地进行说明。为了把事物的特征说清楚、说具体，非常讲究说明方法的使用。运用恰当的说明方法，抓住事物鲜明的特点进行具体说明，可以将抽象复杂的事物介绍得通俗易懂，适用于科学性及条理性较强的说明文，能帮助读者理性认识事物。如《太阳》一文便是典型的平实说明文，全文语言朴实无华，作者主要运用列数字、举例子、作比较等方法介绍了太阳“远”“大”“热”三个方面的特点。

2. 生动说明文

生动说明文是相对于平实说明文而言的。生动说明文的语言以“说明白”为目的，但它表达方式活泼，常常通篇或采用修辞表达，或采用诗化描写，或引入故事，让文章看起来“不像”说明文，如三年级下册的《花钟》、四年级上册的《蟋蟀的住宅》、四年级下册的

《琥珀》《飞向蓝天的恐龙》、五年级上册的《松鼠》等。这些生动说明文的表达方式活泼，有的全文使用拟人的修辞手法，似童话；有的描写倾注作者饱满的情感，似散文；有的就是一段引人入胜的故事，像记叙文。这些“不像”说明文的表达方式，让说明文鲜活生动。统编版小学语文教材中生动说明文的篇幅明显增加，其修辞语言的准确性、诗化描写的严密性、故事内容的科学性，能有效推进学生由形象思维转向抽象思维。

三、说明文的文体特点

说明文的特点是“说”，而且具有一定的知识性。这种知识，或来自有关科学研究资料，或是亲身实践、调查、考察所得，具有科学性。为了把事物说明白，就必须把握事物的特征，进而揭示出事物的本质属性，即不仅要说明“是什么”，还要说明“为什么是这样”。

（一）写作目的侧重于传递知识

说明文主要是借助文章中广博深邃的知识吸引读者，拓宽读者的眼界，启发读者的智慧。叶圣陶先生在《作文概说》中指出：“解说文是传授知识的文字。”由此可知，说明文区别于记叙文和议论文的主要特征是传递给人们相关知识。读者可以从说明文中获得知识，但这并不是说读者无法从记叙文和议论文中获取知识，只是强调写作说明文的主要目的在于传授知识。如《故宫博物院》一文中介绍了博物院中各类建筑的相关知识，通过阅读文章，我们能够形成关于故宫博物院的完整印象。再如《风向袋的制作》这篇说明文，作者通过第一、第二、第三、第四的形式分条列出制作风向袋的四个步骤，通过阅读这四个步骤，我们就能够习得制作风向袋的相关知识。如果我们以风向袋为主题写记叙文或者议论文，就没有必要对风向袋制作的具体步骤做详细的介绍说明。

（二）内容为解说事物或事理

说明文的写作内容主要是介绍事物或阐明事理。所谓介绍事物就是介绍事物的外貌、形状、性质、构造等，即介绍事物是什么，所谓解说事理就是阐释事理的来源和演变。说明文可以对事物或者事理的一方面进行说明，也可以同时对几方面进行说明。例如，我们读了《一幅名扬中外的画》这篇课文，不仅可以获得关于《清明上河图》的相关知识，而且能感受到古代画家高超的绘画技艺。再如，事理性说明文一般从现实的现象或问题出发，探究现象或者问题的原因，最终得出结论或者给予人们启示。《只有一个地球》就是按照这样的行文顺序，从宇航员在天空中遨游时目睹的景象写起，接着从四个方面详细介绍了地球，并分析了为什么要保护地球，最后提出“我们要精心保护地球，保护地球的生态环境”这一事理。可见，说明文的写作内容主要为介绍事物或者阐明事理。

（三）语言具有准确性

说明文写作的目的在于传递知识，为了将传递的关于事物和事理的知识讲明白、说清楚，最重要的是要忠于事物的客观性与知识的准确性。这也决定了介绍的事物或者阐明的事理必须要用简洁准确的语言来描述，如果有使用介绍语言不准确的地方，就会与客观知识相差甚远。说明文中语言表达的科学准确性主要体现在以下几个方面：第一，使用确切的数字。比如《宇宙生命之谜》一文中，用23时56分4秒和24时37分这两个准确的数字来形容地球和火星自转一圈的速度，用66度34分和66度1分这两个准确的数字来形容地球自转轴与公转轨道的角度和火星倾角度数。第二，使用表示估计、预测的词语。为保证介绍客观事物的准确性，作者在无法给出具体确切数字的地方经常采用“估计”“约”“大概”等词语，使用这些表示不清晰或者模糊的词语，正是描述了文章所介绍对象的真实情况。如果作者随意捏造一个数据，则失去了说明文语言表达的准确性。还有一些课文中用到了“据说”之类表示猜测的词语，也是体现了作者写作说明文时严谨的态度。第三，使用专业术语。说明文章十分重视使用专业性词语，如《神奇的克隆》一文中的“有性繁殖”“无性繁殖”等词语，《呼风唤雨的世纪》一文中的“地球村”与“远洋船舶”。说明文中使用这些专业词语，也能够体现说明文语言的科学性与准确性。

（四）作者情感不鲜明

记叙文往往以情动人，或直抒胸臆，或含蓄隽永；议论文往往以理服人，或论断古今，或针砭时弊。说明文中作者情感介入的方式和程度与议论文和记叙文等文体不同，通常在说明文中，作者客观地陈述某类知识或道理。

胡怀琛先生在《说明文作法范例》中说：“既然说明文是为了他人便利而作，那么就不应当主观的，而是客观的。”以统编版五年级上册的课文《风向袋的制作》为例。因为制作风向袋是一门科学，不以个人喜好为转移。倘若在制作风向袋时根据个人的喜好，将铁丝从风向袋中去掉，那么做出来的可能就是一个“四不像”了。虽然一般的文体都是作者经过大脑对客观事实的加工和创造，其中必然会含有作者的情感因素，但说明文的文体特征决定了说明文作者要尽可能地做到情感零度介入，即不介入。

第二节　说明文的解读方法与策略

一、统编版小学语文教材中说明文的选文特点

扫码查看8-1
说明文选文

通过对统编版小学语文教材中说明性文章的梳理总结，可以发现教材中说明性文章的选文和编排呈现出以下几个特点。

（一）说明性文章篇目有所增加

统编版小学语文教材中选编的说明性文章有20篇，相对于原人教版教材来说篇目有所增加。《义务教育语文课程标准（2022年版）》中提出“根据不同学段特点，统筹安排各类主题的相关学习内容……反映科技、自然、生活方面的应用、说明、记叙类作品，以及外国优秀文化作品，占30%—40%。”教材新选编的《呼风唤雨的世纪》《纳米技术就在我们身边》就为我们展现了现代科技给生活带来的种种变化。

（二）主要分布在中高学段

在统编版小学语文教材中，小学一、二年级的教科书中没有真正意义上的说明文，主要是借助童话故事和儿歌来介绍自然和科学知识的文章。三年级开始教材中说明文篇目增加，这类文章内容具有较强的知识性，说明语言准确、简洁，表达方式多样化，还有部分说明文使用了相关的说明方法，文体特征逐渐显现出来。如四年级下册《飞向蓝天的恐龙》一文在课后题中让学生找出文中表达准确的语句，实际上就是引导学生感受说明文语言表达的准确性，已经明确关注到了说明文的文体特征。

（三）出现说明文单元

统编版小学语文教材正式提到“说明性文章”是在五年级上册第五单元的单元导语的语言要素部分，要求学生“阅读说明性文

章，了解基本的说明方法。搜集资料用恰当的说明方法，把一件事情介绍清楚”。这既对学生阅读说明文提出了要求，也对写作说明文进行了规定。小学第三学段的说明文教学要有文体意识，教师应强化说明方法、说明顺序等文体方面的知识，以点带面，带领学生了解文本的说明对象及其特征，体会说明文语言的准确性、严密性，并将从文中学到的文体知识应用于说明文写作。另外，在专门指向习作的说明文习作单元，教师要树立单元整体意识，充分利用习作单元的各大板块在培养学生说明文写作中的重要价值，帮助学生循序渐进地学习说明文写作。

请你结合说明文的文体特征谈一谈说明文解读的重点是什么。

二、说明文的解读方法与策略

（一）了解说明顺序，理清文章结构

事物的特征和本质是通过合理的顺序逐层表现出来的。说明文都是由说明对象本身的特点出发来安排说明顺序的，所以不同的说明对象运用的说明顺序也不同。说明顺序大体有三种：

1. 空间顺序

空间顺序即按照事物的空间存在形式，或从外到内，或从上到下，或从前到后，或从总体到部分依次进行说明。这种说明顺序，一般用于说明静止的事物和内部构造比较复杂的事物，如园林、建筑物、工艺品等。如《故宫博物院》一文用空间顺序介绍故宫博物院的构造，由外入内，沿着故宫的中轴线，从南到北，以中间带两边的说明，井然有序。

2. 时间顺序

时间顺序即以时间先后作为说明顺序。这种说明顺序一般用于说明事物的发展变化。如《纸的发明》一文按照时间的先后顺序记叙了造纸术的发明过程、每个过程对人们生活的影响，以及我国造纸术发明与传播，对人类社会的促进和影响。

3. 逻辑顺序

逻辑顺序也称事理顺序，即按照事物的内部联系或人们认识事物的过程来安排说明顺序。如《松鼠》一文先介绍松鼠的外形特点，再介绍松鼠的生活习性；《太阳》一文主要从太阳的特征和太阳与人类的关系两个方面来介绍太阳。

(二) 把握说明对象及特征

1. 把握说明对象

说明对象是说明文介绍的事、物、理等。准确把握说明对象才能有的放矢。常见的说明对象有以下两种。

(1) 从题目中把握说明对象

一般情况下,说明文的标题是找准说明对象的关键。一般来说,实体事物说明文的标题往往是名词性的,表明一种东西,标题通常就是说明对象,如《风向袋的制作》《松鼠》等标题都反映了该文的说明对象和信息范围;事理说明文的标题往往是抽象名词或动词等,表明一种现象,标题通常不能显示说明对象,如《纳米技术就在我们身边》《飞向蓝天的恐龙》等,这类说明文的对象需要读者在文中理清思路、筛选信息来明确。

(2) 在内容中把握说明对象

说明文中的有效信息多指对说明对象的特征、实质以及前景等做出判断的内容,理清思路、筛选信息一般是为了准确把握说明对象等。如《赵州桥》向我们介绍了赵州桥的设计精巧、造型美观。课文语言准确、简练,又不乏生动。课文共分四段。第一段写赵州桥的地点、桥名、设计建造者、建造年代。第二段讲赵州桥的设计精巧,这与它的独特设计是密不可分的。围绕"设计"这个重点词,课文先写了赵州桥设计的特点,再写这样设计的好处。第三段重点词是"美观"。介绍赵州桥美观时用"有的……有的……有的……所有的……"的句式,把栏板上龙的图案描绘得栩栩如生,形象传神。第四段讲赵州桥是我国宝贵的历史遗产,表现了劳动人民的智慧和才干。阅读时,了解了文章提供的这些主要信息,就会对赵州桥有一个总体的认识。如果不是从整体上去感知文章,而是只关注某一个局部,就会出现以偏概全、片面理解文章说明对象的错误。

2. 感知对象特征

所谓"对象特征"是指说明对象的特征,就是一事物区别于其他事物的标志,它是说明文的核心,只有认识说明对象的特征才能明白说明对象的独特之处。感知说明对象的特征一般可以从以下几个方面入手。

(1) 找中心句

如《松鼠》一文第一段的第一句"松鼠是一种漂亮的小动物,乖巧，驯良，很讨人喜欢”，就是本段的中心句，也是全文的中心句，明确地说明了松鼠的外形特点——“漂亮”、习性特点——“乖巧、驯良”。第一段主要从面容、眼睛、身体、四肢、尾巴和吃相等方面介绍松鼠的外形特点，接下来从松鼠的活动范围和生活规律、行为特征、搭窝、生育情况、换毛时间等方面介绍松鼠的生活习性。

（2）分析详略

一般来说，文中详写部分往往是说明对象特征的体现，如《故宫博物院》一文，作者重点写了“前朝”和“内廷”，这两个地方又分别以太和殿和养心殿为重点进行详细介绍，由此我们可以确定故宫博物院的特征是：规模宏大壮丽，建筑精美，布局统一，体现了封建社会以皇帝为中心的皇权至上的思想。

当然，准确解读说明文还要着眼于其他方面，但是把握说明对象及感知对象特征是理解说明文的前提和关键。

（3）分析说明方法及其表达效果

说明文的特征是以传授知识为写作目的，其语言要求是科学性、严谨性、准确性、真实性、周密性、简练明确。恰当地运用说明方法，能提高说明语言的科学性和准确性，使说明对象更具体，且更能增强说服力。常见的说明方法如表 8－1 所示。

表 8－1　常用的说明方法及其表达效果

说明方法	表达效果	例句
举例子	使说明更具体、更有力；使表达更明确，更生动形象	地球所拥有的自然资源也是有限的。拿矿产资源来说，它不是谁的恩赐，而是经过几百万年，甚至几亿年的地质变化才形成的。——《只有一个地球》
列数字	具体、准确客观、科学，增强说服力	其实，太阳离我们约有一亿五千万千米远。——《太阳》
作比较	具体、鲜明、突出强调被说明对象的特点等	同茫茫宇宙相比，地球是渺小的。——《只有一个地球》
打比方	确切具体、生动形象、浅显易懂，增强趣味性	辽西的发现向世人展示了恐龙长羽毛的证据，给这幅古生物学家们描绘的画卷涂上了“点睛”之笔。——《飞向蓝天的恐龙》
作假设	增强说明对象说服力	如果没有太阳，地球上将到处是黑暗，到处是寒冷，没有风霜雨露，没有草木野兽，自然也不会有人。——《太阳》

（续表）

说明方法	表达效果	例句
摹状貌	使说明对象更形象、具体	桥面两侧有石栏，栏板上雕刻着精美的图案：有的刻着两条相互缠绕的龙，嘴里吐出美丽的水花；有的刻着两条飞龙，前爪相互抵着，各自回首遥望；还有的刻着双龙戏珠。所有的龙似乎都在游动，真像活了一样。——《赵州桥》
分类别	能条理清楚地说明事物	鲸的种类很多，总的来说可以分成两大类：一类是须鲸，没有牙齿；一类是齿鲸，有锋利的牙齿。——《鲸》

（四）品读说明文语言

说明文语言的主要特点是准确性、严密性。说明文语言的准确性是其先决条件。说明文以传授知识为目的，这就要求它必须用准确的语言，如实地反映事物的特征、本质、规律，文中表示时间、空间、数量、范围、程度、特征、性质、程序等，都要求准确无误。其次，说明文讲究语言的严密性，为了使读者对较复杂的事物、较深奥的事理有确切的理解，说明文常常恰当地使用修饰和限制词语，语言周到严密。

体会说明文语言的准确性、严密性，主要关注修饰、限定性词语的运用，如可能、大约、几乎、左右、一般等。例如《鲸》一文中：的“我国发现过一头近四十吨重的鲸，约十八米长，一条舌头就有十几头大肥猪那么重”，“近”“约”都是大概的意思，都是表示约数的副词，这一类副词的运用就体现了说明文语言的准确性和严密性。又如《只有一个地球》一文中：“人类生活所需要的水资源、土地资源、生物资源等，本来是可以不断再生，长期给人类作贡献的。”“本来”是“原先、先前”的意思，用在这里说明水资源等自然资源以前是可以再生的，但由于人类的破坏，变成不能再生了，体现了语言的准确性和严密性。

第三节 说明文课例分析

《义务教育语文课程标准(2022年版)》在第三学段的“阅读与鉴赏”中明确提出:“阅读说明性文章,能抓住要点,了解文章的基本说明方法。”统编版小学语文教材把五年级上册第五单元设置为专门的说明文单元,单元导语以叶圣陶先生的“说明文以‘说明白了’为成功”正式明确“说明文”这一文体。在此之前,我们在解读说明文时主要任务是把握文章的主要内容,了解说明对象的特点,并能够体会语言表达上的准确性,逐步建立说明文的文体意识。当说明文的文体意识明确后,对于五、六年级教材中的说明文,我们就要依据说明文的文体特征来分析解读说明性文章,既要把握说明文的说明顺序、了解说明对象的特点、了解基本的说明方法,还要能够做到学以致用,进行说明文写作。

一、中学段说明文课例分析——《赵州桥》

扫码查看8-2
课文《赵州桥》

(一)教材分析

《赵州桥》是统编版小学语文教材三年级下册第三单元的一篇课文。本单元以“中华优秀传统文化”为主题,编排了《古诗三首》《纸的发明》《赵州桥》《一幅名扬中外的画》四篇课文,从不同层面展现了中华优秀传统文化的魅力。《赵州桥》一文介绍了河北省赵县洨河上的一座历史悠久、世界闻名的石拱桥,重点介绍了赵州桥雄伟、坚固、美观的特点,赞扬了古代劳动人民的智慧和才干。

全文结构清晰,可以分成三个部分:第一部分(第1自然段)概述赵州桥的地理位置、设计者及建造年代等相关情况;第二部分(第2、3自然段)介绍赵州桥雄伟、坚固、美观的特点,是文章的重点部分;第三部分(第4自然段)总结赵州桥的历史价值。

(二)立足要素,把握教学重点

本单元的语文要素是“了解课文是怎么围绕一个意思把一段写清楚的”。三年级上册学生已经学过“借助关键语句理解一段话的意思”,这是从理解内容的角度提出来的,而本单元的语文要素主要是从学习表达的角度提出来的。指导围绕一个意思写清楚一段话的具体方法，不仅能够促进学生深入理解课文的内容，还能为学生进行“围绕一个意思把一段话写清楚”的习作实践提供方法上的引导。《赵州桥》一文凸显了语文要素的学习，第 2 自然段围绕“赵州桥非常雄伟”一句展开，第 3 自然段围绕“赵州桥不但坚固，而且美观”一句展开，并通过课后习题引导学生体会第 3 自然段是怎样把赵州桥的“美观”写清楚的。因此，本文的教学重点是了解赵州桥雄伟、坚固、美观的特点，并学习课文是怎样围绕一句话把一段话写清楚的。

（三）品读词句，认识赵州桥

1. 初识赵州桥

文章开篇只用寥寥数语就为读者介绍了赵州桥的地理位置、名称、建造年代、设计者等相关信息，“世界闻名”一词点明了赵州桥在世界桥梁建造史上的价值，“一千四百多年”列举数字具体说明赵州桥的历史悠久。这样一座世界闻名、历史悠久的石拱桥就烙印在读者的脑海之中了。

2. 走近赵州桥

第 2 自然段首先运用列数据的说明方法具体准确地介绍了赵州桥的长度、宽度，接着介绍了赵州桥的建筑材料、形状特点等，充分让读者了解“赵州桥是非常雄伟”这一特点。接下来作者重点介绍了赵州桥桥洞的设计——“大桥洞顶上的左右两边，还各有两个拱形的小桥洞。平时，河水从大桥洞流过，发大水的时候，河水还可以从四个小桥洞流过。”作者把这种设计称作“建桥史上的一个创举”，“创举”一词高度评价了桥洞的设计。为什么作者会对赵州桥桥洞的设计给予如此高的评价，这时可以联系赵州桥的建造历史。距今一千四百多年的隋朝技术条件是十分有限的，要建造一座如此规模的石拱桥难度巨大，而建造者们利用独具匠心的设计“减轻了流水对桥身的冲击力，让桥不容易被大水冲毁，又减轻了桥身的重量，节省了石料”，使得这座单拱桥坚固无比、屹立千年，不得不让人佩服古代劳动人民的智慧和才干。

“赵州桥不但坚固，而且美观。”一句承上启下，直接告诉读者前面讲了赵州桥的“坚固”，接下来则要讲赵州桥的“美观”。那作者是如何把赵州桥的“美观”写清楚的呢？作者利用“有的……有的……有的……”句式，列举栏杆上雕刻的图案，让读者在栩栩如生的图案中感受赵州桥的“美观”,也体会到工匠们精巧的手艺,进一步被古代劳动人民的智慧和才干所折服,也就自然而然地理解了“赵州桥体现了劳动人民的智慧和才干,是我国宝贵的历史文化遗产”这句话。

二、说明文课例分析——《太阳》

扫码查看8-3
课文《太阳》

(一) 分析教材,把握解读要点

《太阳》是统编版五年级上册第五单元一篇典型的科普性说明文。第五单元既是一个说明文单元,又是一个习作单元,本单元语文要素为“阅读简单的说明性文章,了解基本的说明方法”“搜集资料,用恰当的说明方法,把某一种事物介绍清楚”,既要学习、认识说明文的特点,又要进行说明文写作。因此,在解读文本时,必须从说明文的文体特征出发,帮助学生建立说明文的文体意识。

(二) 理清结构,了解太阳的特点

《太阳》一文一共 8 个自然段,理清文章的结构,有助于了解太阳的特点。在通读课文的过程中,可以发现第四段的第一句话“太阳虽然离我们很远很远,但是它和我们的关系非常密切”是一个过渡句,根据这个句子就可以把文章分为两大部分:第一部分(1—3 段)从“远”“大”“热”三个方面介绍了太阳的有关常识;第二部分(4—8 段)介绍太阳和人类的密切关系。这两部分内容联系紧密,正因为太阳距离地球远、体积大、温度高,才能给地球送来适合人类生存的光明和温暖。

第一部分内容比较清晰,每个段落说明太阳的一个特点。第二部分内容中太阳与人类的密切关系并不是显而易见的,需要我们从文章中提取出与这个问题有关的信息。阅读时,我们可以抓住段落,整合所说的事物,及时概括内容,并思考它们与太阳之间的关系是什么。如第 4 自然段,我们可以抓住“植物”“动物”“吃的”“穿的”“煤炭”等词语,通过思考它们与太阳之间的关系,进而发现这一段主要讲的是太阳对动植物、对人类生活、对人类的资源等方面的影响。依据这样的方法,自然就能读懂后面的几个段落分别介绍了太阳对地球气候的影响、杀菌的作用,从而真正理解太阳与人类的生活具有十分密切的关系。

(三) 抓住关键词句,学习说明方法

作者在介绍太阳的特点和它与人类的密切关系时,运用了许

多说明方法，抓住相应的句子进行品读，就能够认识不同的说明方法及其表达效果，在之后的写作过程中才能根据实际写作需求选用恰当的说明方法。《太阳》是一篇非常典型的说明文，文章在介绍太阳时，运用列数字、作比较、作假设、打比方等多种方法，使一些抽象的知识显得具体、通俗、明了，给人留下了深刻的印象。

如在介绍太阳离我们非常遥远这一特点时，作者先用一个传说激发读者的兴趣，然后直接列出具体数据"太阳离我们约有一亿五千万千米远"，列数字的说明方法使读者能够具体、客观地认识到太阳离我们的距离之遥远。只不过"一亿五千万千米远"到底有多远呢，这样的数据在读者的脑海中依然是抽象的，所以作者又连用两个假设——"到太阳上去，如果步行，日夜不停地走，差不多要走三千五百年；就是坐飞机，也要飞二十几年"，把抽象的数据变得更加具体可感，就能够让读者产生"太阳真的离我们非常遥远"的真实感受。其实在这个假设当中，"坐飞机""步行"是举例子，"三千五百年""二十几年"又是列数字，同时又把坐飞机的时间与步行的时间进行比较，这实则是多种说明方法的综合使用，在说明文中是比较常见的。

而在介绍太阳体积大这一特点时，为了让读者明白地感受到太阳的体积大，作者运用了做比较的说明方法——"约一百三十万个地球的体积才能抵得上一个太阳"。在人们的认识里地球的体积已经足够大了，通过将地球的体积与太阳的体积进行比较，可突显太阳体积之大，使得读者的感受更加深刻。

那么大的太阳平时看上去却"只有一个盘子那么大"，这里实则是运用打比方的说明方法，把"太阳"比作"盘子"，生动形象地说明正是因为太阳离我们很远很远，所以体积那么大的太阳在我们看来也只有盘子那么大。

第三自然段作者首先就把太阳比作"大火球"，通过打比方生动形象地说明了太阳温度高这一特点。为了使读者更加具体地了解太阳的温度到底有多高，作者先是列举数据"表面温度有五千多摄氏度"，再用一个例子"就是钢铁碰到它，也会变成气体"，把抽象的感知变成具体的数字、生动的现象。

（四）品读语言，感受表达的准确性

作者在介绍太阳的特点时，语言表达十分准确，如"太阳离我们约有一亿五千万千米远""差不多要走三千五百年""约一百三十万个地球的体积才能抵得上一个太阳""表面温度有五千多摄氏

度”，作者使用了“约”“差不多”“多”等表示约数、概数的词语，看似不具体不确定，实则表现出作者严谨的科学态度，这些词语一旦删除，文句表达的意思就过于绝对，反而与实际不相符。

思考与练习

1. 叶圣陶先生说：“说明文不一定就是板起面孔来说话，说明文未尝不可带一点风趣。”请结合统编版小学语文教材中的说明性文章，谈一谈你对这句话的理解。

2. 请你说一说下面这段话中运用了哪些说明方法，并分析其表达效果。

不少人看到过象，都说象是很大的动物。其实还有比象大得多的动物，那就是鲸。目前已知最大的鲸约有一百六十吨重。我国发现过一头近四十吨重的鲸，约十八米长，一条舌头就有十几头大肥猪那么重。它要是张开嘴，人站在它嘴里，举起手来还摸不到它的上腭，四个人围着桌子坐在它的嘴里看书，还显得很宽敞。

——五年级下册《鲸》

3. 统编版教材中还有一类非连续性文本，如五年级下册《金字塔》、六年级上册《故宫博物院》，非连续性文本与说明文之间有什么联系吗？请阅读相关篇目，谈一谈你的看法。

附录 1

统编版小学语文教材古诗词一览表

册目	单元	课文	日积月累	作者	时期
一年级上册	语文园地一		《咏鹅》	骆宾王	唐
		《江南》			汉
		《画》		王维	唐
	语文园地五		《悯农(其二)》	李绅	唐
	语文园地六		《古朗月行》	李白	唐
	语文园地八		《风》	李峤	唐
一年级下册	语文园地二		《春晓》	孟浩然	唐
	语文园地三		《赠汪伦》	李白	唐
		《静夜思》		李白	唐
			《寻隐者不遇》	贾岛	唐
		《池上》		白居易	唐
		《小池》		杨万里	宋
			《画鸡》	唐寅	明
二年级上册	语文园地一		《梅花》	王安石	宋
	语文园地三		《小儿垂钓》	胡令能	唐
		《登鹳雀楼》		王之涣	唐
		《望庐山瀑布》		李白	唐
	语文园地五		《江雪》	柳宗元	唐
		《夜宿山寺》		李白	唐
		《敕勒歌》			南北朝
二年级下册		《村居》		高鼎	清
		《咏柳》		贺知章	唐
			《赋得古原草送别》	白居易	唐
		《晓出净慈寺送林子方》		杨万里	宋
		《绝句》		杜甫	唐
	语文园地六		《悯农(其一)》	李绅	唐
	语文园地八		《舟夜书所见》	查慎行	清

（续表）

册目	单元	课文	日积月累	作者	时期
三年级上册	第一单元		《所见》	袁枚	清
	第二单元	《山行》		杜牧	唐
		《赠刘景文》		苏轼	宋
		《夜书所见》		叶绍翁	宋
	第六单元	《望天门山》		李白	唐
		《饮湖上初晴后雨》		苏轼	宋
		《望洞庭》		刘禹锡	唐
			《早发白帝城》	李白	唐
	第七单元	《采莲曲》		王昌龄	唐
三年级下册	第一单元	《绝句》		杜甫	唐
		《惠崇春江晚景》		苏轼	宋
		《三衢道中》		曾几	宋
			《忆江南》	白居易	唐
	第三单元	《元日》		王安石	宋
		《清明》		杜牧	唐
		《九月九日忆山东兄弟》		王维	唐
	第四单元		《滁州西涧》	韦应物	唐
	第八单元		《大林寺桃花》	白居易	唐
四年级上册	第一单元		《鹿柴》	王维	唐
	第三单元	《暮江吟》		白居易	唐
		《题西林壁》		苏轼	宋
		《雪梅》		卢钺	宋
	第四单元		《嫦娥》	李商隐	唐
	第七单元	《出塞》		王昌龄	唐
		《凉州词》		王翰	唐
		《夏日绝句》		李清照	宋
			《别董大》	高适	唐

（续表）

册目	单元	课文	日积月累	作者	时期
四年级下册	第一单元	《四时田园杂兴(其二十五)》		范成大	宋
		《宿新市徐公店》		杨万里	宋
		《清平乐·村居》		辛弃疾	宋
			《卜算子·咏梅》	毛泽东	
	第二单元		《江畔独步寻花》	杜甫	唐
	第四单元		《蜂》	罗隐	唐
	第六单元		《独坐敬亭山》	李白	唐
	第七单元	《芙蓉楼送辛渐》		王昌龄	唐
		《塞下曲》		卢纶	唐
		《墨梅》		王冕	元
五年级上册	第一单元		《蝉》	虞世南	唐
	第三单元		《乞巧》	林杰	唐
	第四单元	《示儿》		陆游	宋
		《题临安邸》		林升	宋
		《己亥杂诗》		龚自珍	清
	第七单元	《山居秋暝》		王维	唐
		《枫桥夜泊》		张继	唐
		《长相思》		纳兰性德	清
			《渔歌子》	张志和	唐
	第八单元		《观书有感(其一)》	朱熹	宋
			《观书有感(其二)》		
五年级下册	第一单元	《四时田园杂兴(其三十一)》		范成大	宋
		《稚子弄冰》		杨万里	宋
		《村晚》		雷震	宋
			《游子吟》	孟郊	唐
	第二单元		《鸟鸣涧》	王维	唐

(续表)

册目	单元	课文	日积月累	作者	时期
	第四单元	《从军行》		王昌龄	唐
		《秋夜将晓出篱门迎凉有感》		陆游	宋
		《闻官军收河南河北》		杜甫	唐
			《凉州词》	王之涣	唐
			《黄鹤楼送孟浩然之广陵》	李白	唐
	第七单元		《乡村四月》	翁卷	宋
六年级上册	第一单元	《宿建德江》		孟浩然	唐
		《六月二十七日望湖楼醉书》		苏轼	宋
		《西江月·夜行黄沙道中》		辛弃疾	宋
			《过故人庄》	孟浩然	唐
	第二单元	《七律长征》		毛泽东	
	第三单元		《春日》	朱熹	宋
	第四单元		《回乡偶书》	贺知章	唐
	第六单元	《浪淘沙(其一)》		刘禹锡	唐
		《江南春》		杜牧	唐
		《书湖阴先生壁》		王安石	宋
六年级下册	第一单元	《寒食》		韩翃	唐
		《迢迢牵牛星》			汉
		《十五夜望月》		王建	唐
			《长歌行》		汉
	第四单元	《马诗》		李贺	唐
		《石灰吟》		于谦	明
		《竹石》		郑燮	清
	古诗词诵读	《采薇》(节选)			春秋
		《送元二使安西》		王维	唐
		《春夜喜雨》		杜甫	唐

（续表）

册目	单元	课文	日积月累	作者	时期
		《早春呈水部张十八员外》		韩愈	唐
		《江上渔者》		范仲淹	宋
		《泊船瓜洲》		王安石	宋
		《游园不值》		叶绍翁	宋
		《卜算子·送鲍浩然之浙东》		王观	宋
		《浣溪沙》		苏轼	宋
		《清平乐》		黄庭坚	宋

参考文献

[1] 中华人民共和国教育部. 义务教育语文课程标准[M]. 北京：北京师范大学出版社，2022.
[2] 郑国民，李宇明. 义务教育语文课程标准（2022 年版）解读[M]. 北京：高等教育出版社，2022.
[3] 俞学雷. 文本解读与教案设计[M]. 杭州：浙江大学出版社，2018.
[4] 罗晓晖，冯胜兰. 文本解读与阅读教学讲谈[M]. 上海：华东师范大学出版社，2018.
[5] 刘祥. 经典文本解读与教学密码[M]. 上海：华东师范大学出版社，2020.
[6] 刘仁增. 小学语文统编教材的语用解读[M]. 福州：福建教育出版社，2020.
[7] 张华. 文本解读技术[M]. 广州：广东高等教育出版社，2018.
[8] 汪潮. 不同文体教学[M]. 上海：上海交通大学出版社，2017.
[9] 汪潮. 小学语文教材研读[M]. 上海：华东师范大学出版社，2015.
[10] 王崧舟. 崧舟细讲文本[M]. 武汉：长江文艺出版社，2021.
[11] 闫学. 小学语文文本解读[M]. 上海：华东师范大学出版社，2016.
[12] 周一贯. 小学语文文体教学大观[M]. 上海：上海教育出版社，2017.
[13] 赖瑞云. 文本解读与语文教学新论[M]. 北京：北京师范大学出版社，2018.
[14] 唐懋龙. 小学语文教学内容指要——汉语·阅读[M]. 北京：高等教育出版社，2017.
[15] 严文井. 童话寓言集[M]. 北京：人民文学出版社，1982.
[16] 王泉根. 儿童文学教程[M]. 北京：北京师范大学出版社，2008.
[17] 洪汛涛. 童话学[M]. 武汉：长江文艺出版社，2018.
[18] 韦苇. 世界童话史[M]. 福州：福建教育出版社，2002.
[19] 吴其南. 童话的诗学[M]. 北京：北京文联出版社，2001.
[20] 陈振桂. 当代儿童文学[M]. 杭州：浙江大学出版社，2013.
[21] 李吉林. 小学语文情境教学[M]. 北京：人民教育出版社，2003.
[22] 朱自强. 儿童文学概论[M]. 北京：高等教育出版社，2009.

[23] 韦苇.精典伴读——点亮心灯[M].长沙:湖南少年儿童出版社,2006.

[24] 金波.能歌善舞的文字——金波儿童诗评论集[M].北京:接力出版社,2017.

[25] 孙荣娇.小学童话教学策略的研究——基于审美功能视角[D].天津师范大学,2019.

[26] 李依璠.三套小学语文教材童话类选文比较研究[D].天津师范大学,2021.

[27] 汪芳芳.统编版小学低年级语文教科书的童话选文研究[D].安徽师范大学,2019.

[28] 周阿敏.立足语境,观照语用:小学低年级童话语篇教学策略[J]. 课外语文,2021(9).

[29] 梁昌辉.课程价值观照下的小学神话教学探索[J].中小学教材教学,2016(1).

[30] 温儒敏.遵循课标精神,尊重教学实际,用好统编教材[J].语文学习,2022(5).

[31] 温儒敏.用好统编本教材,切实提升教学质量——使用统编本小学语文教材的六条建议[J].语文建设,2019(16).

[32] 陈先云.统编小学语文教科书中语文要素的内涵及其特点[J].课程·教材·教法,2022,42(3).

[33] 陈先云.统编小学语文教科书能力体系的构建[J].小学语文,2019(Z1).